Gundula Günnemann
Claudia Guther
Barbara Huber
Brigitte Pohle
Annett Rosenstock
Silke Windjäger

Wohnraum-Ideen mit Keilrahmen

Vom Raumteiler bis zum Lichtobjekt

INHALTSVERZEICHNIS

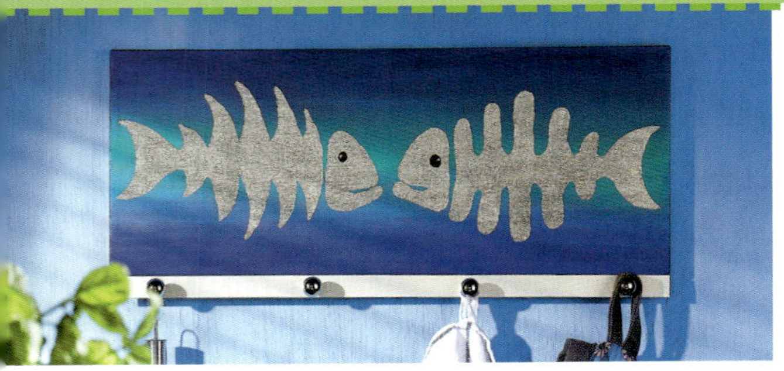

Wohnraum-Ideen mit Keilrahmen

In der Diele begrüßt uns freundlich ein Butler, ein „scharfes“ Kräuterdepot in der Küche lädt zum Kochen ein, die Uhr im Wohnzimmer tickt im Retro-Look, während der Blick am Raumteiler vorbei ins Kinderzimmer fällt, wo die Jüngsten ein neues Flugobjekt für ihre Wiesengarderobe basteln ...

Wir kennen Keilrahmen, bespannt mit Leinwand, als leichte Malgründe für Bilder. Doch nun werden ihre hölzernen Leisten selbst trickreich ausgenutzt, um die Werke von der Wand zu holen und zu neuem Leben zu erwecken.

Der Weg vom Bild zum praktischen Wohn-Design ist nicht weit. Schon mit etwas Liebe zu Farben, Formen und Strukturen sowie nur wenig handwerklichem Geschick bringen Sie frischen Wind in die eigenen vier Wände.

Natürlich lassen sich alle vorgeschlagenen Modelle so wie gezeigt nacharbeiten. Sie können aber auch Ihre kreative Freiheit nutzen, um die Ideen passend zu Ihrem eigenen Wohnstil in andere Größen, vor allem aber nach Ihren Farbvorlieben individuell abzuwandeln.

Schwierigkeitsgrad

- (1 Symbol) einfaches Motiv
- (2 Symbole) etwas schwierigeres Motiv
- (3 Symbole) anspruchsvolles Motiv

Tipps

Sie finden in diesem Buch zahlreiche Tipps und Tricks, damit Ihnen das Malen und Werken noch mehr Spaß macht. Orientieren Sie sich bitte an den folgenden Symbolen:

Künstler-Tipp

Oft sind es nur ein paar kleine Handgriffe, die das Arbeiten leichter und wirkungsvoller machen. Diese Kniffe verraten wir Ihnen bei den Künstler-Tipps.

Variations-Tipp

Das Modell sieht auch in anderen Farben oder mit anderen Materialien toll aus? Bei den Variations-Tipps finden Sie Vorschläge, wie Sie das Modell abändern können.

Anwendungs-Tipp

Sie suchen Anregungen für die Abstimmung der Malerei auf Ihre Wohnung oder Hinweise, wie man Bilder am besten kombiniert oder aufhängt? Für solche Fälle helfen Ihnen die Anwendungs-Tipps weiter.

Einkaufs-Tipp

Wo bekomme ich was? Die Einkaufs-Tipps verraten, wo Sie am besten bestimmte Materialien einkaufen, damit Sie nicht stundenlang in verschiedenen Geschäften danach suchen müssen.

Spar-Tipp

Damit Sie noch genügend Geld für die anderen schönen Dinge des Lebens übrig behalten, zeigen wir Ihnen bei den Spar-Tipps Tricks und Möglichkeiten auf, die den Geldbeutel lachen lassen.

Keilrahmen, Farben & Co.

Das wichtigste allgemeine Zubehör für die Malerei in diesem Buch steht in der Liste links, das Wichtigste rund um die Holzbearbeitung auf der nächsten Doppelseite. Detaillierte Hinweise und besondere Materialien sind bei den einzelnen Modellen aufgeführt. Sowohl eine große Auswahl als auch eine gute Beratung bietet der Fachhandel für Basteln, Deko und Künstlerbedarf. In entsprechenden Kaufhaus- oder Baumarktabteilungen und im Versandhandel wird man ebenfalls fündig.

ALLGEMEINE MATERIALIEN UND HILFSMITTEL ZUM MALEN

Folgende Materialien, Hilfsmittel und Werkzeuge werden für die meisten der in diesem Buch gezeigten Keilrahmenmodelle benötigt. Diese Dinge werden in den speziellen Materiallisten in der Regel nicht mehr extra aufgeführt.

- bespannte Keilrahmen in den angegebenen Größen
- Acrylfarben in den angegebenen Farbtönen
- Sprühfilm (Firnis) für Acrylfarbe
- verschiedene Borstenpinsel und Haarpinsel (Synthetik)
- Malschwämmchen
- Palette mit Vertiefungen oder Pappteller
- Schraubverschlussgläser
- Strukturpaste (Reliefpaste, Spachtelmasse, Malgel)
- evtl. Trocknungsverzögerer für Acrylfarbe
- Plastikspachtel oder Malmesser
- Wassergläser oder -becher
- Küchenkrepp, Mallappen (altes Handtuch)
- alte Zeitungen
- Malerkittel oder abgetragene Kleidung
- Kopierpapier (Kohle-, Pauspapier)
- Lineal
- Bleistift
- weicher, heller Radiergummi
- dünner, wasserfester Filzstift in Schwarz
- Schere
- Cutter mit Schneideunterlage
- Klebefilm
- Kreppklebeband
- UHU Alleskleber Kraft

Keilrahmen

Mit dem Begriff „Keilrahmen“ sind in diesem Buch immer fertig mit Leinwand bespannte Keilrahmen gemeint (z. B. verschieden grobe Maltuche aus Baumwolle, Leinen, Mischgewebe). Die Rahmen bestehen aus Nadelholz, die Ecken sind meist nicht geleimt, sondern können später durch Einklopfen von Holzkeilen auseinander getrieben werden, um die „erschlaffte“ Leinwand nachzuspannen. Wird ein Rahmen hinten geschlossen, zum Beispiel für einen Raumteiler, sollte man das Nachspannen bei Bedarf vorher erledigen. Die meisten Leinwände sind mit einer Universalgrundierung versehen, die sich für Acrylfarben eignet. Man kann aber auch Keilrahmen-Leisten lose kaufen, dazu als Meterware das gewünschte Maltuch und seine Leinwand selbst aufspannen. Auch Maßanfertigungen sind möglich, wenn die handelsüblichen Formate und Formen (Recht- und Dreiecke) nicht genügen. Üblicherweise sind fertige Keilrahmen ca. 2 cm stark. Sofern in den Materiallisten nicht anders vermerkt, reicht solch eine Standardstärke aus. Je nach Größe und Art des Werkes sind aber auch doppelt so tiefe, aber auch dünnere Rahmen oder Malplatten (Malpappen) sinnvoll.
Weil die Modelle dieses Buches nicht als Bilder eingerahmt werden, sollte man zu solchen Keilrahmen greifen, deren Leinwand auf der Rückseite und nicht seitlich festgetackert oder -genagelt ist. Trotz Übermalung würde man diese Stellen später sehen. Es sei denn, man bestreicht und glättet sie zuvor mit feiner Strukturpaste.

Acrylfarben

Als Grundausstattung für die Ideen dieses Buches gehören Acrylfarben einfach dazu. Verschiedene Hersteller bieten diese Produkte in zahlreichen Tönen und Gebinden an, in pastoser, cremiger und recht flüssiger Konsistenz, zum Auftragen mit Pinseln, Schwämmen, Farbwalzen und sogar im Liner für grafisches Arbeiten.
Beliebt sind Acrylfarben wegen ihrer Leuchtkraft, der elastischen Oberfläche und der unkomplizierten Verarbeitung. Schließlich benötigt man nur Wasser zur Verdünnung und Reinigung der Malutensilien und keine Lösemittel (wie Terpentin bei den Ölfarben).
Als Nachteil muss man jedoch in Kauf nehmen, dass sich Acrylfarben nach dem Trocknen nicht wieder anlösen, wie wir das von Deck- oder Aquarellfarben kennen! Das ist zwar für Übermalungen ideal, doch Farbe, die auf Klei-

dung, Paletten oder in Pinseln wasserfest eingetrocknet ist, bereitet keine Freude.
Die Preisunterschiede bei Acrylfarben haben durchaus etwas mit der Qualität zu tun: Am teuersten dürften die hoch pigmentierten, feinen und auf Dauer nicht vergilbenden Künstlerfarben sein. Im mittleren Preissegment liegen zum Beispiel die Studienfarben. Am preiswertesten sind die Produkte fürs Basteln, Dekorieren und Renovieren. Die Kaufentscheidung hängt sicher auch vom Verwendungszweck der Malerei ab. Es lohnt aber für passionierte (Hobby-)Künstler, verschiedene Produkte zu testen und ihre Deckkraft zu prüfen. Denn ist eine Farbe so durchscheinend, dass man jeden Pinselstrich und den Untergrund sieht und für gleichmäßige Flächen mehrfach übermalen muss, ist das auf Dauer sehr lästig.
Die Lichtechtheit der Produkte hängt nicht nur von ihrer Qualität, sondern auch vom Farbton selbst ab. Bei guten Sorten ist das individuell angegeben.

Strukturpasten und andere Hilfsmittel

Zahlreich sind die Hilfsmittel speziell für die Gestaltung in Acryl. Da gibt es zum einen solche, die den Farben zugemischt werden, um zum Beispiel die Trocknung zu verzögern (Retarder), oder um sie cremiger zu machen durch Medien, Gele und Pasten. Mit Gel verdickte Farben wirken transparenter und glänzender. Der Hersteller gibt an, wie hoch der Prozentanteil der zugemischten Farben maximal sein darf.
Zum anderen gibt es feine und grobe Struktur-, Relief oder Modellierpasten in Weiß oder Effekttönen, die man direkt auf die Leinwand aufspachtelt und dort verstreichen, strukturieren, manchmal auch einfärben und natürlich bemalen kann. Wegen ihrer oft guten Klebkraft lassen sich darin sogar Schnüre, Sand, Muscheln, Papier und vieles mehr einbetten. Die Trocknungszeit vor weiteren Arbeitsgängen wird vom Hersteller angegeben.

Firnis zum Aufstreichen und -sprühen ist bei Acrylfarben nicht zwingend nötig, er schützt aber die Farbe vor dem UV-Licht, das auf Dauer zum Vergilben der Malerei führen kann. Die Oberfläche wird außerdem unempfindlicher und kann ein einheitlicheres Aussehen erhalten (matt, seidenmatt, glänzend), falls man das überhaupt wünscht.

Pinsel, Schwämme und Farbroller

Gutes Werkzeug sorgt für mehr Freude und Erfolg beim Malen. Deshalb sollte man sich mit einem kümmerlichen, wackeligen Schulmalpinsel nicht zufrieden geben.
Ideal ist eine Auswahl verschiedener Pinsel in unterschiedlichen Breiten und Formen, es muss aber nicht gleich ein wertvoller Rotmarder-Aquarellpinsel sein.
Sinnvoll für Acrylfarben sind Borstenflachpinsel in mindestens drei Breiten sowie mindestens zwei Haar- oder Synthetikpinsel für glattes und feines Arbeiten. Ein guter dicker Haar- oder Synthetikpinsel läuft vorn, in nassem Zustand ausgeschlagen, als feine Spitze aus und lässt sich dadurch ebenfalls für Details einsetzen.
Fürs Brushen mit ganz wenig Farbe (siehe Seite 48) nimmt man am besten einen Schablonierpinsel.

Spar-Tipp

Pinsel und Schwämme stets gut auswaschen, damit die Farbe darin nie eintrocknet! Denn dann ist sie nicht mehr wasserlöslich und verdirbt das Malgerät. Hin und wieder zum gründlichen Reinigen Seife nehmen, idealerweise Kernseife.

Einkaufs-Tipp

Die Farbvorschläge bei den Modellen dienen nur der Orientierung, weil ähnliche Namen bei jedem Hersteller andere Töne bedeuten können. Suchen Sie sich Ihre Farben besser anhand der Fotos und vor allem nach eigenen Farbvorlieben für Ihren Wohnraum aus.

Zum Einfärben größerer Flächen eignen sich auch Malschwämme, Schaumstoff-Farbwalzen und feine Haushaltsschwämme. Je nach Schwammoberfläche ergeben sich sogar lebendige Strukturen.

Sonstiges Zubehör

Die Palette mit ausreichend großen Vertiefungen zum Anmischen der Acrylfarben sollte sich gut reinigen lassen. Ansonsten tun es auch Pappteller, die man später einfach entsorgt. Gegen zu schnelles Eintrocknen der Farbe hilft eine Frischhaltefolie oder das mehrfache Einsprühen der Palette mit Wasser. Es gibt aber auch spezielle Feuchthalte-Paletten mit Deckel.
Größere Farbmengen zur Wohnraum-Deko mischt man am besten gleich in Schraubverschluss-Gläsern an. Denn exaktes Nachmischen ist schwierig, wenn für eine gleichmäßige Oberfläche oder Ausbesserungen ein zweiter Farbauftrag nötig ist.
Um Reliefpasten zu strukturieren, lassen sich zwar Papp- oder Plastikstücke sowie Spachtel aus dem Baumarkt verwenden. Wer jedoch häufiger malt, sollte sich spezielle Spachtel oder ein handliches, spachtelartiges Malmesser mit vorn abgerundeter Spitze zulegen.

Tipps & Tricks

Das Malen ist nur ein Teil der dekorativen Wohnraumideen, ein anderer die fachgerechte und stabile Weiterverarbeitung der Keilrahmen.

Vorlagen übertragen

Vorlagen lassen sich einfach mit Hilfe von Kopierpapier (Kohle- oder Pauspapier) auf die Leinwand übertragen. Für gelbe oder weiße Linien auf dunkler Grundierung nimmt man Schneiderkopierpapier. Damit die Leinwand nicht nachgibt, wird ein entsprechend starkes Buch unterlegt. Auf die Leinwand kommt das Kopierpapier, darüber die Vorlage. Mit Kreppklebeband sichert man alles gegen ein Verrutschen und zeichnet mit Bleistift die Linien systematisch und fest nach, um sie auf die Leinwand zu übertragen.

Maltechniken

Der Farbauftrag mit Acrylfarben kann je nach Motiv verschieden ausfallen:

Deutliche Pinselspuren erzeugt man auf trockener bemalter oder unbemalter Leinwand. Bei nassem Untergrund würde die Farbe zerfließen.

Einfarbige Flächen kann man mit breiten Pinseln malen, auch mit Schaumstoff-Farbwalzen und Malschwämmen: durch Streichen, Tupfen, Wischen und Walzen.

Farbverläufe sind sanfte Übergänge von einer zur anderen Farbe. Sie wirken malerisch und natürlich. Dazu wischt man zwei Töne auf der Leinwand ineinander. Auch durch Nass-in-Nass-Malerei entstehen solche Nuancen. Vorab gemischte Zwischentöne machen die Arbeit weicher.

Gerade Kanten erzeugt man beim Malen, indem man die angrenzende Fläche vorher mit Kreppklebeband abklebt. Man übermalt es und zieht es vor dem Trocknen wieder ab. Auch bemalte, gut getrocknete Flächen kann man überkleben.

Von Hell nach Dunkel ist eine Grundregel, die das saubere Ausmalen erleichtert. Man malt zuerst die hellsten Flächen, etwas über die Linie hinaus, lässt sie trocknen, und macht dann mit den etwas dunkleren weiter. Feine helle Farbränder oder Ausrutscher lassen sich mit dunklen Tönen problemlos überdecken.

ALLGEMEINE MATERIALIEN RUND UMS HOLZ

Folgende Hilfsmittel und Werkzeuge rund um die Keilrahmenlahmenleisten sollten Sie zur Hand haben. Sie sind in den speziellen Materiallisten in der Regel nicht extra aufgeführt.

- verschiedene Spanplattenschrauben (Spaxschrauben) oder Holzschrauben
- Bohrmaschine oder Akku-Bohrschrauber mit Bohreinsätzen (Universal- oder Holzspiralbohrer)
- Schraubendreher oder Akku-Schrauber mit verschiedenen Bits
- Nagelbohrer (zum Vorbohren)
- Spitzbohrer (zum Vorstechen)
- Lineal oder Zollstock
- Sägen (Fuchsschwanz-, Laubsäge)
- Kombizange
- Bleistift
- Kreppklebeband
- Holzleim
- Hammer
- Heftpistole (Tacker) mit Heftklammern
- Ringschrauben, Ösenplatten, Schraubenaufhänger, Klapprösen oder Schwerlastaufhänger
- Stahlnägel oder -haken
- Perlonseil oder -kordel

Mischen kann man die Farben auf der Palette und auf der Leinwand selbst, wenn man dort malerische, lebendige Zwischentöne erzeugen möchte.

Künstler-Tipp

Beim Mischen gilt: Immer zuerst die helle Farbe in den Mischnapf und dann die dunkle in nur kleinen Mengen allmählich zugeben. Sonst benötigen Sie vielleicht Unmengen der hellen Farbe, bis die gewünschte Nuance erreicht ist.

In die Holzleisten tackern, bohren und schrauben

Keilrahmen bestehen aus weichem Nadelholz und lassen sich gut verarbeiten. Das Festtackern von Material auf die Rückseite ist daher kein Problem. Für die Modelle dieses Buches werden häufig Schrauben eingedreht für Haken, Scharniere, Aufhängungen, Regalböden und so weiter, was mit einigen Tricks gut funktioniert.
Tackern mit der Heftpistole ist eine gebräuchliche Methode, um auf der Rückseite eine weitere Leinwand, Stoff oder Papier zu befestigen. Die Anschaffung eines solchen Gerätes ist auf jeden Fall lohnenswert (nicht mit dem Büro-Tacker zu verwechseln). Zum Lösen der Heftklammern hebelt man sie mit einem flachen Schraubendreher heraus.
Schrauben für Holz gibt es in verschiedenen Arten: Herkömmliche Holzschrauben haben oberhalb des Gewindes einen glatten Schaft. Bevor man sie ins Holz dreht, muss auf jeden Fall ein Loch vorgebohrt werden. Das selbstschneidende Gewinde von Spanplattenschrauben (Spaxschrauben) beginnt meist ganz oben. Ein Vorbohren ist erleichternd und wegen der geraden Führung empfehlenswert. Senkkopfschrauben sind oben flach, andere sind rund. Je nach

Ausführung des Kopfes (Längsschlitz, Kreuzschlitz oder Torx) ist natürlich der entsprechende und exakt passende Schraubendreher zu wählen, im Volksmund Schraubenzieher genannt.
Vorstechen mit einem Spitzbohrer sollte man dort, wo später gebohrt oder kleine Schrauben ohne Vorbohren eingedreht werden sollen (Abbildung links unten). Auch ein Hammerschlag vor dem Einschrauben ist hilfreich.
Vorbohren ist bei herkömmlichen Holzschrauben nötig und bei Spaxschrauben empfehlenswert. Das kann maschinell, aber auch von Hand mit einem kleinen Nagelbohrer geschehen. Nützlich ist ein Akku-Bohrschrauber mit diversen Bohreinsätzen und Bits, da er mit seinen beiden Drehrichtungen bohren und schrauben kann. – Fürs Vorbohren gilt die Regel: Der Bohrerdurchmesser soll zwei Drittel des Schraubendurchmessers betragen. Und man bohrt nur drei Viertel von der Schraubenlänge tief ins Holz hinein. Für klassische Holzschrauben weitet man das Loch oben zusätzlich mit einem Bohrer in Schraubenstärke so tief auf, wie der Schaft lang ist, damit das Holz später nicht reißt.
Bohrtiefe: Will man eine Holzleiste nur ein Stück anbohren, sie also nicht ganz durchbohren, misst man die Bohrtiefe einfach am Bohrer aus und markiert sie mit Kreppklebeband oder Gummiband (siehe Abbildung unten).

Keilrahmen aufhängen

Generell sollte man die Keilrahmen-Aufhängung an den seitlichen Leisten fixieren (außer bei Mini-Rahmen), weil das gesamte Bild dadurch am wenigsten belastet wird. Der Fachhandel bietet dazu Ringschrauben, Schraubenaufhänger, Ösenplatten und Klappösen mit Nägeln an (die letzten eher für leichte Bilder). Man schraubt sie rechts und links von hinten an die Seitenleisten, ca. 10 cm unterhalb der Ecken, und spannt einen Draht oder eine feste Schnur dazwischen. So reicht zum Aufhängen schon ein Wandhaken aus. Bei schweren oder durch häufige Benutzung gefährdeten Modellen (Pinnwand, Regal, Kleiderhaken und Ähnlichem) schraubt man besser Schwerlastaufhänger an die Ecken. Mit ihnen wird das Objekt auf stabile Wandhaken gehängt, so ähnlich wie bei Wandspiegeln.

RUND UM DIE DIELE

Ein freundlicher Empfang in der Diele wirkt einladend und lässt ahnen, dass hier ideenreiche Menschen wohnen. Ob ein Türschild, ein Info-Bord, eine Pinnwand, ein Butler oder ein flexibler Kalender – für einen kreativen Blickfang gibt's immer ein Plätzchen.

Türschild als Puzzle

→ mit Platz für Familienzuwachs

1 Für die erste Grundierung Acrylfarbe in Orange auf einen Teller geben, mit Wasser verdünnen und mit dem Schwamm auf die Malpappe auftragen. Der Farbton sollte unbedingt hell und etwas transparent sein, sonst wirkt später die Farbe der Puzzleteile nicht. Die Grundierung trocknen lassen.

2 Nun erst das Puzzle laut Vorlage auf die grundierte Leinwand übertragen. Die einzelnen Teile dann abwechselnd in Violett, Aprikose, Pink und Echtrot ausmalen. Das Violett mit etwas Weiß aufhellen. Beim Ausmalen leichte Farbübergänge einarbeiten, damit die Teile lebendiger wirken. Zum Beispiel ein Puzzleteil mit einem Flachpinsel zunächst in der Mitte mit Aprikose bemalen, dann mit einem dünneren Rundpinsel die kleinen Rundungen in Echtrot nachfahren. Die Farbe dabei unregelmäßig, aber mit weichen Übergängen in die Mitte ziehen. Alles trocknen lassen.

3 Die Vornamen der einzelnen Familienmitglieder zunächst mit Bleistift vorschreiben. Den Familiennamen aus fetten Buchstaben zusammensetzen und in Echtrot ausmalen.

4 Nun die Vornamen mit dem Folienkleber nachziehen, beim Familiennamen nur die Kontur der Buchstaben. Auf einigen Puzzlestücken Punkte verteilen. Den Kleber nach Herstellerangaben transparent trocknen lassen. Dann dort vorsichtig die Metallic-Effektfolie auflegen, leicht über die Erhebungen reiben und die Folie wieder abziehen: So sind nun die Schrift und die Punkte dünn mit Silber beschichtet. An freigebliebenen Stellen den Vorgang wiederholen.

5 Schließlich die Malerei zum Schutz mit seidenmattem Firnis einsprühen. Dennoch sollte das Türschild nicht im Freien ungeschützt der Witterung ausgesetzt sein.

MOTIVHÖHE
ca. 18 cm

MATERIAL
- Malpappe oder Keilrahmen, 24 cm x 18 cm
- Acrylfarbe in Orange, Aprikose, Echtrot, Pink, Violett und Weiß
- evtl. Computer oder Schriftschablone
- Folienkleber
- Metallic-Effektfolie in Silber
- Haushaltsschwamm
- Firnis, seidenmatt

VORLAGENBOGEN A

Künstler-Tipp

Passende Schriften in großer Auswahl finden Sie zum Beispiel im Computer. Am besten probieren Sie die Namen in verschiedenen Stilen aus und stellen die Größe so ein, dass die Wörter in die vorgesehenen Puzzleteile passen. Dann die Namen ausdrucken und von dieser Vorlage auf die Malpappe übertragen. Wer nicht auf den Computer zurückgreifen kann und nicht frei Hand schreiben möchte, kann im Hobby- und Künstlerfachhandel nach geeigneten Schriftschablonen schauen.

Blumige Info-Tafel

→ damit das Suchen ein Ende hat

MOTIVHÖHE
ca. 50 cm

MATERIAL
- Keilrahmen, 60 cm x 50 cm
- Tafelfarbe in Schwarz
- Acrylfarbe in Titanweiß
- 2 Metallleisten, 56 cm lang, mit je 3 Magneten (z. B. BAR von IKEA)
- 3 Möbeltür-Knöpfe in Silber (Blumenform)
- Vlies mit Blumen, ca. 30 cm x 70 cm
- Filzplatte in Blau, 20 cm x 20 cm
- Rest Klettband (mit Flauschband) in Weiß
- Organza-Taschenband (Schlauchband) mit 4 Taschen, ca. 12 cm breit
- 7 Spaxschrauben, 1,6 cm lang, ø 2,5 mm
- Nagelbohrer
- passender Bohrer für die Möbeltür-Knöpfe
- Sprühkleber
- weißes Nähgarn oder 16 Nähfrei-Druckknöpfe, ø 8 mm, mit Einschlagwerkzeug
- Profi-Tacker (Heftpistole) mit Heftklammern
- Kreppklebeband
- Rest Alufolie (oder Wachspapier)
- Alleskleber

VORLAGEN-BOGEN A

1 Als Magnetleiste für Memo-Zettel die Metallleisten ca. 2 cm (oben) bis 3 cm (unten) von den Kanten entfernt auf die weiße Leinwand legen, die Schraubenlöcher über dem Holz. Vier Taschen vom Organza-Taschenband abschneiden und prüfen, ob sie paarweise untereinander ins rechte Feld passen. Die senkrechte Grenze zwischen Tafel- und Musterfläche mit Bleistift markieren. Danach erst die Metallleisten an den Keilrahmen schrauben (siehe dazu auch die Grundanleitung auf Seite 7).

2 Das Blumenvlies ganz über die rechte Leinwandhälfte legen. Mit Bleistift die inneren Leistenkanten und den rechten Rand auf dem weißen Vliesuntergrund markieren. Oben, unten und rechts einige Blüten so umranden, dass sie über den Rand wachsen. Die Konturen ausschneiden, halb angeschnittene Blüten ganz entfernen.

3 Damit die Tafelumrisse exakt werden, die Ränder um sie herum mit Kreppklebeband abkleben. Für die weiße Blütenaussparung die Blütenvorlage auf den blauen Filz übertragen, die Form ausschneiden und auf die Leinwand legen. Der Mittelpunkt muss auf dem Rand liegen, wo später eine Schraube ins Holz gedreht wird. Mit Bleistift den Umriss 5 mm größer im Tafelbereich nachzeichnen und die Blüte entfernen.

4 Jetzt die Fläche gleichmäßig mit Tafelfarbe mit einem breiten Borsten- und Haarpinsel ausmalen. Dicke Pinselspuren sofort glätten. Nach dem Trocknen eventuell nochmals übermalen.

5 Die Filzblüte auflegen. Aus dem Klett- und Flauschband je einen kleinen Kreis ausschneiden. Das Klettband in die Blütenmitte kleben. Dann eine Spaxschraube durch Klettband und Blüte in den Keilrahmenrand schrauben. Den Schraubenkopf mit Weiß anmalen.

6 Für die Blumenhaken drei Löcher unten links auf dem Keilrahmenrand in gleichen Abständen markieren und vorbohren, etwas dünner als das Gewinde der Möbeltür-Knöpfe. Diese in den Rahmen schrauben.

7 Das Vlies von hinten satt mit Sprühkleber einsprühen und auf die weiße Fläche sowie die Leisten kleben. Dabei sanft feststreichen, damit keine Luftblasen entstehen.

8 In die Organza-Taschen zum Schutz ein passendes Stück Alufolie stecken. Die Taschen von hinten mit Sprühkleber versehen, aufs Blumenmuster kleben und die Folie entfernen. Die Taschen zusätzlich mit weißem Nähgarn auf der Leinwand festnähen und an der rechten Seite auf den Holzrahmen tackern. Diese Heftklammern weiß übermalen. (Zum Anbringen von Nähfrei-Druckknöpfen das mitgelieferte Einschlagwerkzeug auseinander nehmen.)

9 Für die Lichtreflexe der Blüte die drei Tropfenformen aus Vliesresten in Pink schneiden und aufkleben.

10 Bei dem Gegenstand, der an die Blüte geklettet werden soll (z. B. Handy, Bild), hinten das runde Flauschbandstück aufkleben.

PURE ROMA
MATHIAS
Montag
Blumen gießen!
bei Nachbars
0800 3629
477
Strom-Störung

Pinnwand mit Utensilo

→ auffallend praktisch

MOTIVHÖHE
ca. 70 cm

MATERIAL
- Keilrahmen, 50 cm x 70 cm
- Acrylfarbe in Kirschrot, Aprikose, Orange, Pink und Weiß
- Strukturpaste
- Firnis, matt
- 2 Filzplatten in Orange, 29 cm x 39 cm, 4 mm stark
- 2 Filzstücke in Pink, 15 cm x 15 cm
- 7 kleine Filzblumen
- Kreppklebeband
- Modellierhölzchen
- Nähmaschine
- doppelseitiges Klebeband, 5 cm breit
- Alleskleber

1 Zuerst den Rand der Leinwand gestalten. Dazu mit Lineal und Bleistift einen 5 cm breiten Streifen abmessen und diesen wiederum in 5 cm x 5 cm große Quadrate unterteilen. Diese Linien auf dem Keilrahmenrand fortführen. Die Innenfläche mit vier Streifen Kreppklebeband abkleben, damit die Kanten exakt werden.

2 Nun die Strukturpaste mit einem Borstenpinsel auf den Rand auftragen (Leinwandvorderseite). Mit dem Modellierhölzchen die Paste glätten, dabei die Fugen zwischen den Quadraten freikratzen. Orientierungshilfe geben die Linien an den Rahmenseiten. Nun auch diese Seiten genauso bearbeiten. Das Klebeband entfernen und die Paste gut trocknen lassen.

3 Zum Ausmalen der Quadrate und der Rahmenseiten mit einem Flachpinsel Acrylfarbe abwechselnd in Kirschrot, Orange, Aprikose und Pink auftragen. Dabei möglichst darauf achten, dass die Töne gleichmäßig verteilt sind und dass sich die waagerechten sowie die senkrechten Ränder ähneln. Die Fugen beim Malen aussparen und eventuell nach dem Trocknen der Farben mit einem dünnen Pinsel mit Weiß ausbessern. Die Malerei zum Schutz mit Firnis behandeln.

4 Für das Utensilo im unteren Bereich eine Filzplatte quer legen und die beiden pinkfarbenen Filzquadrate an drei Seiten knappkantig aufnähen. Der Abstand voneinander, nach unten und seitlich beträgt jeweils 3 cm. Wer keine Nähmaschine hat, kann die Taschen auch mit Textil- oder Alleskleber fixieren.

5 Die rechte Tasche zur Unterteilung noch einmal senkrecht in der Mitte absteppen, dasselbe noch einmal mit dem neu entstandenen linken Teil wiederholen. Das Utensilo hat nun vier Fächer.

6 Nun beide Filzplatten auf der Rückseite rundherum mit doppelseitigem Klebeband versehen. Eventuell wenige Zusatzstreifen quer auf der Fläche anbringen. Die Platten, mit etwas Abstand rundherum, auf die weiße Leinwand kleben. Zur Dekoration ein paar Filzblumen locker verstreut mit dem Alleskleber aufsetzen.

Anwendungs-Tipp

Solch eine Utensilo-Pinnwand peppt nicht nur die Diele auf, sondern auch manches Büro oder Jugendzimmer. In die untere Leiste können Sie auch farblich passende Haken für Schlüssel schrauben. Wer viel Platz hat, fertigt Pinnwand, Utensilo und Schlüsselbrett separat aus drei Keilrahmen an, aber im gleichen Stil.

Fahren und sparen
FERIEN
Insel Usedom und Umgebung

Flexibler Dauerkalender

→ farbiger Datumswechsel

MOTIVHÖHE
ca. 40 cm

MATERIAL
- Keilrahmen, 30 cm x 40 cm
- 30 Keilrähmchen, 10 cm x 10 cm (für alle Daten bis 2010)
- Acrylfarbe in Titanweiß, Kobalttürkis, Kadmiumorange, Kadmiumgelb dunkel, Magenta, Kobaltblau, Kadmiumgrün hell und Kadmiumrot hell
- Buntstifte in Weiß und Dunkelblau
- 60 cm selbstklebendes Klett- und Flauschband in Weiß, 2 cm breit
- Holzleim

VORLAGE SEITE 76

1 Die Leinwand des großen Keilrahmens, auch die Rahmenseiten, mit einem dicken Haarpinsel in einem hellen Blau bemalen, gemischt aus Titanweiß und Kobalttürkis. Alle 30 kleinen Rähmchen, mitsamt der Seiten, nach Lust und Laune einfarbig in den angegebenen Farben deckend bemalen, mit Ausnahme von Weiß.

2 Nach dem Trocknen die Ziffern von der Vorlage in der angegebenen Anzahl auf die bunten Rähmchen übertragen. Auch hier die Farben nach Lust und Laune auswählen und die Ziffern mit dünneren Haarpinseln sorgfältig ausmalen.

3 Nach dem Trocknen der Farbe die Umrisse der Ziffern, die auf dunklem Untergrund stehen, mit einem weißen Buntstift umfahren. Bei Ziffern auf hellem Untergrund hingegen die Umrisse mit dem dunkelblauen Buntstift nachziehen.

4 Auf dem hellblauen großen Rahmen mit dünnen Bleistiftlinien die Quadrate markieren, auf denen später die Rähmchen mit Klettband angebracht werden sollen. Bei dem hier gezeigten Kalender beträgt der Abstand von der oberen und unteren Bildkante jeweils 3,5 cm und von der linken und rechten Kante aus jeweils 4,25 cm. Die Rähmchen selbst haben zueinander einen Abstand von ungefähr 1,5 cm.

5 Nun knapp unter die jeweils oberen Bleistiftlinien der sechs Felder ca. 8 cm lange Stücke des Klettbandes mittig aufkleben. Auf die Rückseiten der Rähmchen jeweils unter die oberen Rahmenkanten ein ca. 2 cm langes Stückchen Flauschband mittig ankleben. Da die Leinwand der Rähmchen auf der Rückseite nur getackert und nicht festgeklebt ist, bitte dort, wo nun das Flauschband sitzt, die Leinwand mit Holzleim gut am Rähmchen festkleben. Das Flauschband hat so einen besseren Halt beim Wechseln der Rähmchen. Nun tagesaktuell die entsprechenden Ziffern auf den Kalender kletten.

Künstler-Tipp

Bei grün grundierten Rähmchen sollte die Ziffer nicht in Magenta oder in Rot ausgemalt werden und umgekehrt. Bei diesen Kombinationen flimmern die Farbgrenzen leicht vor Augen, wenn die Töne ähnlich hell sind.

Butler

→ stets zu Diensten

MOTIVHÖHE
ca. 1 m

MATERIAL
- Keilrahmen, 40 cm x 100 cm (mit Mittelleiste)
- Keilrahmen, 18 cm x 24 cm (als Tablett)
- Acrylfarbe in Schwarz, Weiß, Ultramarinblau, lichtem Ocker, Permanentgrün, Karminrot und Paynesgrau
- Holzleiste, 3 cm x 1,4 cm, 98 cm lang
- Scharnier, 3 cm breit, mit passenden Schrauben
- evtl. Fliege
- Alleskleber
- 2 Holzschrauben, 4 cm lang
- Schnur
- kleiner Handbohrer

VORLAGEN-BOGEN B

1 Die Vorlage auf 150 % vergrößern und auf die Leinwand übertragen. Mit einem großen Borstenpinsel den Hintergrund mit einer Mischung aus Blau, Weiß und Paynesgrau einmal grundieren, auch die Keilrahmenseiten.

2 Den Anzug in Schwarz ausmalen. Für die helleren Lichtkanten dem Schwarz etwas Weiß beimischen, mit diesem Grau die wenigen Stellen betonen. Mit einem kleinen Borstenpinsel das Hemd und die Serviette in Weiß ausmalen, an den Hemdkanten und Knöpfen das Weiß mit etwas Grau abdunkeln.

3 Das Gesicht und den Hals mit einer Mischung aus Weiß und lichtem Ocker malen. Diesem Farbton eine Spur Rot zumischen und damit den Mund gestalten. Mit einem Haarpinsel die Augen in Weiß ausmalen, nach dem Trocknen das Grün hinzufügen. Die Iris schwarz malen und einen weißen Lichtpunkt aufsetzen.

4 Die Nase, Augenbrauen, Augenlider und Mundinnenlinie mit verdünntem Schwarz gestalten.

5 Die Haare und die Fliegenform in Schwarz ausmalen. Soll eine echte Fliege aufgeklebt werden, die Fliegenform auf der Leinwand besser weiß grundieren. Den Anzug mit einer zweiten schwarzen Farbschicht intensivieren.

6 Die blaue Weste im selben Farbton wie den Hintergrund malen, jedoch hier mehr Weiß hinzufügen. An der Stoffkante und an den Knöpfen den Farbton etwas mit Grau abdunkeln.

7 Zuletzt erneut die Hintergrundfarbe anmischen, nur wenig Wasser zugeben und den Hintergrund ein zweites Mal bemalen, damit die Farbe gut deckt.

8 Eventuell eine echte Fliege mit Alleskleber vor den Hemdkragen kleben.

9 Für das Tablett die Leinwand des kleinen Keilrahmens mit Weiß bemalen, auch die Seiten. Nach dem Trocknen diesen kleinen Keilrahmen mit zwei Schrauben von hinten mit der Mittelleiste des großen Keilrahmens verschrauben. Am besten zuvor von hinten an der Mittelleiste zwei Löcher im Abstand von 15 cm mit einem Handbohrer vorbohren, siehe dazu auch Seite 7.

10 Zum Aufstellen des Butlers hinten eine Stütze anbringen. Dazu die Holzleiste mit einem Scharnier ganz oben an der Rückseite des Keilrahmens mittig befestigen. Damit die Leiste auf glatten Böden nicht wegrutschen kann, den Aufstellwinkel mit einer Schnur begrenzen. Sie wird auf halber Höhe an die Stütze und die Mittelleiste des Keilrahmens geknotet.

Anwendungs-Tipp

Gern nimmt der Butler die Post entgegen oder serviert ein Gläschen Sekt. Für schwere Dinge eignet sich das Tablett jedoch nicht. Beachten Sie auch, dass es nicht mehr waagerecht ist, wenn man die Stützleiste zu weit nach hinten ausstellt.

KÜCHE & BAD

An die Wand damit – so lautet das Motto, denn herumstehen und -liegen sollte nichts in Küche und Bad. Und dabei lassen sich die Aufhänger für Kräuter und Handtücher, die kleinen Regale, Utensilos und ein witziges Bullauge sogar liebevoll selbst gestalten!

Scharfes Kräuterdepot

→ für Chilischoten und kleine Sträußchen

1 Die Leinwand und die Keilrahmenseiten mit leicht wässerig verdünnter Acrylfarbe mit einem breiten Borstenflachpinsel grundieren: mit einer Mischung aus Gelb, Blau und Grün. Den Farbauftrag möglichst gleichmäßig ausführen, doch wirkt es durchaus lebendig, wenn die Ausgangsfarben ab und zu einzeln zum Vorschein kommen. Bevor dieser erste Farbauftrag trocknet, die Farben mit fast trockenem Pinsel nochmals verstreichen.

2 Die Vorlage für die Chilischote auf die Leinwand übertragen. Die Spachtelmasse mit Acrylfarbe in Bordeaux einfärben. Soll die Schote greller herauskommen, der Masse zusätzlich etwas Magenta und Azo-Orange zumischen.

3 Die eingefärbte Spachtelmasse innerhalb der Chiliumrisse mit dem Spachtel auftragen und dabei die Oberfläche leicht bewegt strukturieren, so wie bei einer angetrockneten Chilischote.

4 Wenn die Masse getrocknet ist, eventuell Licht und Schatten herausarbeiten. Für die Schatten wenig Schwarz in Bordeaux mischen, für die Lichteffekte wenig Orange verwenden. Mit diesen Tönen die Chilischote an einigen Stellen dezent bemalen, damit sie noch plastischer und echter wirkt. Den Stiel mit einer Mischung aus gebrannter Erde und lichtem Ocker malen, den Schatten dunkler.

5 Ist die Farbe getrocknet, die Chilischote mit Kreppklebeband genau am Rand entlang umkleben. Auch den Stiel abdecken. Den übrigen grünen Hintergrund und die Arbeitsfläche außen herum mit Zeitungspapier schützen. Dann die Schote mit Klarlack besprühen, bis sie schön glänzt.

6 Wenn die Malerei trocken ist, die Halterungen für die kleine Gardinenstange unten am Keilrahmen befestigen, so wie vom Hersteller vorgesehen. Nun können kleine Kräuterbüschel wie Lavendel, Rosmarin, Thymian, Salbei und auch Chilischoten zum Trocknen dort angebunden werden.

MOTIVHÖHE
ca. 20 cm

MATERIAL

- Keilrahmen, 50 cm x 20 cm, 4 cm stark (XL)
- Gardinenstange mit selbstklebenden Halterungen (für Fenstergardinen), ca. 50 cm lang oder ausziehbar
- Acrylfarbe in Primärgelb, Indigo, Phthalogrün, Magenta, Azo-Orange, Bordeaux, Schwarz, gebrannter Erde und lichtem Ocker
- Acryl-Spachtelmasse
- Klarlack, glänzend (Sprühdose)
- Kreppklebeband, mindestens 1,5 cm breit
- Spachtel

VORLAGENBOGEN A

Variations-Tipp

Kleine Fenstergardinenstangen, aber auch Stangen für Küchenutensilien gibt es in verschiedenen Ausführungen. So lässt sich das Modell an den jeweiligen Stil der Küche anpassen. Natürlich können Sie auch Rundhölzer oder Metallstangen aus dem Baumarkt verwenden und mit anderen Halterungen befestigen.

Knackiges Gemüse

→ Mini-Regal und Handtuchhalter

MOTIVHÖHE
ca. 24 cm

MATERIAL
- Keilrahmen, 60 cm x 20 cm
- Acrylfarbe in Weiß, Ocker, Karminrot, Mittelgrün, Mittelgelb und Kobaltblau
- 2 Fußbodenbretter, 60 cm x 8 cm, ca. 1 cm stark
- 8 Holzschrauben (Senkkopf), ø 4 mm, ca. 2,5 cm lang
- 2 Schraubhaken
- Bohrmaschine
- Holzbohrer, ø 3 mm

VORLAGEN-BOGEN A

1 Die Vorlage für das Gemüsestillleben auf die Leinwand übertragen.

2 Den Hintergrund rund ums Motiv und die schmalen Keilrahmenseiten mit dem Borstenpinsel in Acryl ausmalen: zuerst mit einer Ocker-Weiß-Mischung, dann mit Ocker-Grau (ein lebendiges Grau aus Rot und Grün mischen). Dabei die Fläche oben heller und unten dunkler werden lassen. Für die Schatten unter den Gemüsen die letzte Farbmischung weiter mit Grau abdunkeln. Schließlich die mittlere Hintergrundpartie mit einer Blau-Weiß-Grau-Mischung betonen und die Schatten des Lauchs entsprechend dunkler gestalten.

3 Das Gemüse von Hell nach Dunkel in Acryl mit einem Haarpinsel ausarbeiten. Zunächst die weißen Lauchpartien mit Weiß sowie einer zarten Gelb-Ocker-Mischung sehr hell malen. Für die hintere Paprika Gelb mit Weiß mischen und nach unten mit wenig Ocker abschattieren. Für die grüne Paprika das Mittelgrün oben mit Weiß und Gelb aufhellen, nach unten mit Grau abdunkeln.

4 Die rote Paprika und die Tomaten mit Karminrot malen: oben heller durch zugemischtes Gelb, unten abschattiert mit etwas Grau. Nach dem Trocknen diesen Farbauftrag wiederholen und sofort mit Weiß einige Glanzlichter setzen, die außen ganz weich ins noch feuchte Rot vermalt werden.

5 Für die grünen Lauchpartien das Mittelgrün an den oberen Blättern mit Weiß und einer Weiß-Gelb-Mischung aufhellen, nach unten mit Grau abdunkeln. Mit denselben Grüntönen Stängel und Blätter der Tomaten, der roten und grünen Paprika malen.

6 Mit verdünntem Braun (gemischt aus Rot und Grün) den spitzen Blütenansatz der gelben Paprika malen. Die Lauchwürzelchen mit Weiß und einer Spur Braun ausmalen. Für die zarten Schatten die weißen Lauchpartien unten mit einer transparenten Lasur aus stark verdünntem Grün überziehen. Alles trocknen lassen.

7 Zum Anbringen der schmalen Regale die zwei Bretter 8 mm von einer Längskante entfernt mit vier Löchern vorbohren: 6 cm und 22 cm von beiden Enden entfernt (siehe dazu auch Seite 7). Die Bretter hinten und seitlich bündig am Keilrahmen befestigen, dafür zuerst die zwei äußeren, dann die zwei mittleren Schrauben eindrehen.

8 Zuletzt zwei Schraubhaken für Handtücher direkt unterm Keilrahmen ins Holz schrauben, 10 cm von den Enden entfernt.

Variations-Tipp

Sie können die Brettchen mit Acrylfarbe in jedem Farbton (passend zum Bild) streichen. Soll die Holzmaserung sichtbar bleiben, empfiehlt sich eine farbige Lasur oder Beize mit abschließendem Klarlackschutz.

Bildschönes Basilikum

→ ein Kasten für Küchenkräuter

MOTIVHÖHE
ca. 60 cm

MATERIAL
- Keilrahmen, 60 cm x 60 cm (mit Mittelstrebe)
- Acrylfarbe in Elfenbein, Terrakotta, Schwarzwald (Grün)
- grobe Acryl-Strukturpaste (z. B. Grobsand)
- Malgel (zum Andicken der Acrylfarbe)
- Terrakotta-Wandkasten, hinten mit zwei Löchern (Bastelbedarf), ca. 20 cm lang
- 2 Holzschrauben, ca. 3,5 cm lang (Kopf muss knapp durch die Löcher im Kasten passen)
- 2 kleine Deko-Gartengeräte
- Malschwamm
- Moosgummirest (Farbe beliebig), 3 mm dick (für Schablone)
- Cutter mit Schneideunterlage
- Spachtel oder Messer
- Zahnstocher
- Schraubendreher
- Handbohrer
- Heißklebepistole

VORLAGENBOGEN B

1 Zuerst die Strukturpaste mit dem Spachtel oder dem Messer auf die untere Leinwandhälfte aufstreichen, dabei die Ecken betonen. Die Paste trocknen lassen.

2 Danach die gesamte Leinwand und die Keilrahmenseiten mit dem Malschwamm in Elfenbein grundieren. Dann Terrakotta leicht über die Strukturpaste tupfen, die Seiten und Bildränder damit betonen und die Farbe von dort vorsichtig in die helle Bildfläche wischen.

3 Für die Blätterschablone die Vorlage auf Moosgummi übertragen und das Innere mit dem Cutter auf einer Schneideunterlage ausschneiden.

4 Den Terrakotta-Kasten probeweise auf die Leinwand legen, so dass die Löcher auf Höhe der Mittelstrebe liegen. Die Umrisse dünn mit Bleistift umfahren, die beiden Löcher markieren und den Kasten wieder entfernen.

5 Für die Blättchen etwas grüne Acrylfarbe mit der gleichen Menge Malgel andicken. Die Schablone auf der Leinwand positionieren und die Blattformen mit der angedickten Farbe ausfüllen. Mit dem Zahnstocher kleine Äderchen hineinziehen.
Die Schablone vorsichtig abnehmen, eventuell zwischendurch säubern und weitere Blättchen auf dieselbe Art gestalten. Alles trocknen lassen.

6 Den Schriftzug von der Vorlage auf die Leinwand übertragen und mit einem dünnen Haarpinsel grün ausmalen.

7 Die zwei Schrauben an den zuvor markierten Stellen durch die Leinwand in die Mittelstrebe des Keilrahmens eindrehen (vorher vorbohren, siehe Seite 7), so dass sie noch weit genug herausschauen. Die beiden Deko-Gartengeräte mit Heißkleber auf die Leinwand kleben. Das Bild an die Wand hängen, den Terrakotta-Kasten einhängen und mit Basilikum füllen.

Anwendungs-Tipp

Pflanzen Sie die Kräuter nicht direkt in den Kasten, sondern setzen Sie zuvor ein wasserdichtes Gefäß hinein, damit nicht herabtropfendes Gießwasser die Malerei beschädigt.

Variations-Tipp

Möchten Sie mehrere Kräuter in einem Bild arrangieren, schrauben Sie kleine Wand-Töpfe nebeneinander an den Keilrahmen. Ändern Sie die Beschriftung („Küchenkräuter") und eventuell die einzelnen Blätter.

Basilikum

Fisch-Duett

→ Handtuchhalter in kühlen Farben

MOTIVHÖHE
ca. 22 cm

MATERIAL
- Keilrahmen, 50 cm x 20 cm
- Acrylfarbe in Türkis, Ultramarinblau und Weiß
- Blattmetall in Silber
- Anlegemilch für Blattmetall
- wasserfester Filzstift in Schwarz
- Aluminiumwinkelleiste, 2 cm x 2 cm, 50 cm lang
- 4 Handtuchhaken mit 4 passenden Muttern
- 4 Holzschrauben, ø 4 mm, 3 cm lang
- Bohrmaschine
- 3 Metallbohrer, ø 3 mm, 4 mm und einer in Handtuchhaken-Stärke

VORLAGENBOGEN A

1 Die Leinwand und die Keilrahmenseiten mit Acrylfarbe in waagerechter Pinselführung grundieren: mit weichen Farbübergängen zwischen Türkis in der Mitte sowie Ultramarinblau oben und unten. Nach dem Trocknen diesen Farbauftrag wiederholen.

2 Das Fischmotiv mittig auf die Leinwand übertragen, an beiden Seiten sollte etwas Abstand bis zur Kante bleiben.

3 Die Fischkörper gleichmäßig mit der flüssigen Anlegemilch bestreichen und trocknen lassen. Anschließend dort Stück für Stück das Blattmetall auflegen und mit einem weichen Pinsel vorsichtig anreiben. Das restliche Silber mit dem Pinsel abstreichen.

4 Mit dem wasserfesten Filzstift die Augen schwarz ausmalen und trocknen lassen, dann erst mit weißer Acrylfarbe einen Glanzpunkt ins Auge setzen.

5 Damit die Aluminiumleiste unter den Keilrahmen geschraubt werden kann, den einen Schenkel mit vier Löchern (ø 4 mm) versehen. Dafür die Leiste von beiden Enden aus jeweils 6 cm und 20 cm entfernt mittig durchbohren. Die Schiene unter den Keilrahmen halten (die Kanten vorne genau bündig), die vier Löcher am Keilrahmen markieren und dort ca. 1,5 cm tief mit dem 3-mm-Bohrer vorbohren (siehe Seite 7).

6 Zum Anbringen der vier Handtuchhaken nun den anderen Schenkel der Aluminiumleiste mit dem passenden Bohrer durchbohren. Dafür nun von beiden Enden aus das Metall jeweils 4 cm und 18 cm entfernt mittig durchbohren – damit die Abstände zwischen den Haken später genau 14 cm betragen. Die vier Handtuchhaken von vorn durch die Bohrungen drehen und auf der Rückseite mit den Muttern fest an der Schiene fixieren.

7 Schließlich die vorbereitete Schiene mit den vier Holzschrauben unter dem Keilrahmen festschrauben.

Einkaufs-Tipp

Hauchdünnes Blattmetall und die passende Anlegemilch, auf der das Metall haftet, ist im Bastelfachhandel erhältlich. Eine Alternative wäre eine Metallicfarbe in Silber. Jedoch schimmert sie nicht so brillant wie Blattmetall.

Bullaugе

→ Badezimmer auf hoher See?

MOTIVHÖHE
ca. 30 cm

MATERIAL
- runder Keilrahmen, ø 30 cm
- Acrylfarbe in Weiß, Echtgelb, Echtrot, Brillantocker, Violett, Ultramarinblau, Türkis, Gelbgrün, Oxydbraun und Schwarz
- Patina in Gold
- Glitter in Iris
- Acryl-Klarlack, hochglänzend
- Ferro-Farbe in Stahl (silberne Strukturpaste)
- 6 Hutmuttern in Silber, ø ca. 7 mm
- Alleskleber
- stabile Pappe, ca. 25 cm x 25 cm (für Schablone)
- Zirkel
- Zahnstocher
- Malschwamm
- Spachtel, ca. 3 cm breit

VORLAGE SEITE 77

1 Mit dem Zirkel einen Kreis (ø 24 cm) auf die Pappe zeichnen und ausschneiden. Diese Schablone mittig auf die Leinwand legen, mit Bleistift die Kontur nachzeichnen und die Schablone beiseite legen.

2 Für den Hintergrund zunächst im unteren Drittel der Bildfläche mit dem Malschwamm Ultramarinblau unregelmäßig auf die Leinwand auftragen, auch etwas über die Bleistiftlinie hinaus. Ocker mit Weiß aufhellen und über das Blau tupfen. Den Vorgang dort stellenweise mit Braun und dem aufgehellten Ocker wiederholen. Nach dem Trocknen Türkis mit Wasser verdünnen und die Bildfläche damit komplett übermalen, auch diesmal wieder etwas über die Bleistiftlinie hinaus (siehe auch Seite 6).

3 Die Korallen mit einem Borstenpinsel gestalten, dafür zunächst das Violett pur, danach aufgehellt auftupfen. Eine kleinere Korallengruppe genauso mit Braun und aufgehelltem Ocker darstellen.

4 Nach dem Trocknen die vier Fischvorlagen auf Papier übertragen und ausschneiden, anschließend die Umrisse beliebig angeordnet auf die Leinwand übertragen. Mit der kleinen Fischvorlage einen Schwarm darstellen.

5 Damit die Fische später farbkräftig wirken, ihre Formen zunächst weiß grundieren. Nach dem Trocknen die Binnenlinien übertragen. Einige Wasserpflanzen frei Hand mit Ocker und Gelbgrün um die Fische herum malen, dabei am Foto orientieren. Mit Ultramarinblau die Schatten und die Konturen nachziehen.

6 Jetzt erst die Fische bunt ausmalen. Für die weichen Übergänge die Farben nass in nass ineinander verstreichen. Farbvorschläge: Die kleinen Fische mit Gelb und Rot malen, die Flossenenden schwarz auslaufen lassen. Den großen Fisch mit Braun und Gelb, die hellen Streifen zwei- bis dreimal mit Weiß ausmalen. Den blauen Fisch mit Ultramarinblau grundieren, in die Flossen Gelb einarbeiten. Anschließend kleine Pünktchen mit aufgehelltem Violett aufsetzen. Den oberen Fisch in Gelb malen, die Schattierungen mit wenig Weiß und Blau. Alles trocknen lassen.

7 Die Fischdetails, etwa feine Striche oder Punkte, mit dünnstem Pinsel oder Zahnstocher zeichnen. Die Augen malen, dabei die Konturen immer mit einem dunkleren Ton absetzen. Für schöne Schimmereffekte den blauen Fisch zusätzlich mit dem Glitter in Iris verzieren, bei den anderen Fischen an einigen Stellen etwas Patina in Gold auftragen.

8 Nach gründlichem Trocknen das Bildmotiv dreimal mit dem Acryl-Klarlack versiegeln, jeweils mit Zwischentrocknung.

9 Für den Bullaugenrahmen die runde Pappschablone mittig auf die Leinwand legen und beschweren. Die silberne Strukturpaste mit einem Borstenpinsel dick auf den Rand und die Keilrahmenseiten tupfen, dann mit dem Spachtel glätten. Die Pappe danach wieder entfernen. Je nach Auftragsstärke muss alles einige Stunden trocknen. Für Ausbesserungen die Paste mit etwas Wasser verdünnen und mit dem Pinsel aufstreichen.

10 Die sechs Hutmuttern gleichmäßig auf dem Rand verteilen und mit dem Alleskleber dort gut fixieren.

Fröhliche Seepferdchen

→ Netz-Utensilo für Badesachen

MOTIVHÖHE
ca. 20 cm

MATERIAL
- Keilrahmen, 50 cm x 20 cm
- Acrylfarbe in Weiß, Permanentrosa, Ultramarinblau, Mittelgelb, Orange und Mittelgrün
- dünner, wasserfester Filzstift in Schwarz
- Netz, ca. 60 cm x 15 cm
- Gummiband in Schwarz, 60 cm lang
- Kreppklebeband
- Profi-Tacker (Heftpistole) mit Heftklammern

VORLAGEN-BOGEN A

1 Die Leinwand mit einem Borstenpinsel in waagerechter Pinselführung mit einer Mischung aus Weiß, Türkis und Blau grundieren. Die Farbe trocknen lassen, danach den Farbauftrag wiederholen und gut trocknen lassen.

2 Für den dekorativen Rand von der oberen und den seitlichen Kanten 5 mm abmessen. Bis an diese Linie heran auf der Innenfläche Kreppklebeband aufkleben, um die schon fertige Hintergrundmalerei klar abzugrenzen und zu schützen. Aus Rosa, Blau und Weiß ein Violett mischen und damit den Rand und die Keilrahmenseiten zweimal (mit Zwischentrocknen) bemalen. Das Klebeband sofort abziehen und dabei möglichst flach in Abreißrichtung halten. Die Farbe trocknen lassen.

3 Das Motiv auf den oberen Bereich des Hintergrundes übertragen. Die Seepferdchenkörper mit einem Haarpinsel in Pastelltönen ausmalen, zum Beispiel mit folgenden Mischungen: Gelb-Weiß, Orange-Weiß, Grün-Weiß, Rosa-Weiß sowie Rosa-Blau-Weiß.

4 Nun die Details der Seepferdchen in kontrastreichen Pastellfarben gestalten, also die Flossen, Pünktchen, Schleifchen und so weiter. Außerdem den violetten Bildrand mit Pünktchen in denselben zarten Farben verzieren.

5 Nach dem Trocknen alle Körperumrisse, die Details und die Pünktchen auf dem Rand mit dem wasserfesten Filzstift umranden.

6 Das Netz auf die untere Bildhälfte legen. Alles Überlappende (mindestens 5 cm) nach hinten umschlagen und am Keilrahmen festtackern. Das Gummiband oben ins Netz einflechten und mit etwas Spannung ebenfalls gut auf der Keilrahmenrückseite festtackern.

Einkaufs-Tipp

Netze finden Sie zum Beispiel beim Anglerbedarf, aber auch im Gemüseregal oder wenn jemand einen alten Kinderwagen entsorgt. Natürlich können Sie Ihr Netz auch individuell mit der Schnur Ihrer Wahl selbst knüpfen, sogar in mehreren Farben.

Künstler-Tipp

Wenn Sie einen kräftigen Vollton mit Weiß vermischen, erhalten Sie eine zarte Pastellfarbe. Alle Pastelltöne lassen sich harmonisch kombinieren, da sie wegen ihrer ähnlichen Helligkeit miteinander verwandt sind.

Hakenleiste mit Dekor

→ schimmernde Meeresschnecken

MOTIVHÖHE
ca. 25 cm

MATERIAL

- 3 Keilrahmen, 20 cm x 20 cm
- Holzleiste, ca. 3,8 cm x 4,5 cm, 90 cm lang
- Acrylfarbe in Weiß
- Modellierpaste
- Gießform mit 3 Schnecken
- Gießpulver
- einige weiße Muscheln
- 3 Handtuchhaken in Silber (verchromt)
- 6 Verbindungsbleche, max. 5 cm lang
- ca. 18 passende Holzschrauben
- Sprühkleber
- Dekorfolie in Silber
- Spachtel
- (Plastik-)Gabel
- Kraftkleber

1 Die drei Gießformen für die Schnecken mit dem Gießpulver laut Herstellerangaben ausgießen und die Masse lange genug aushärten lassen.

2 Auf die drei Leinwände Modellierpaste aufspachteln, dabei die Keilrahmenseiten nicht vergessen. Im unteren Viertel der drei Flächen in die noch feuchte Paste mit der Gabel einige lebendige Wellen ziehen und trocknen lassen.

3 Die vorbereiteten Keilrahmen, die gegossenen Schnecken und die Holzleiste auf den Sichtseiten mit weißer Acrylfarbe bemalen. Deckt das Weiß nicht auf Anhieb, eventuell nach dem Trocknen einen zweiten Farbauftrag anschließen. Das Weiß erneut gründlich trocknen lassen.

4 Damit die Keilrahmen, die Schnecken und die Leiste einen silbernen Schimmer bekommen, nach und nach einige Partien mit Sprühkleber besprühen. Dort die silberne Dekorfolie auflegen und darüber streichen – das Silber bleibt dann nur an den klebenden Stellen gut haften.

5 Die drei Keilrahmen von hinten mit jeweils zwei Verbindungsblechen so an die Leiste schrauben, dass die Rahmen auf einer Schmalseite sitzen: mit 5 cm Abstand zu den Enden der Leiste und 10 cm zwischen den Rahmen. Genau darunter und mittig die drei Handtuchhaken an die Leiste schrauben. Je nach Schraubenart ist ein Vorbohren sinnvoll (siehe auch Grundanleitung auf Seite 7).

6 Zum Schluss die drei gegossenen Schnecken mit Kraftkleber mitten auf die drei Leinwände kleben. Zusätzlich die Holzleiste mit einigen kleinen Muscheln verzieren. Ist der Klebstoff gut ausgehärtet, kann die dekorierte Handtuchleiste mit geeigneten Schrauben und Dübeln (je nach Wand) im Badezimmer angebracht werden.

Variations-Tipp

Wenn die Bilder statt auf einer Leiste auf einem Regalbrett schräg angelehnt stehen sollen, nehmen Sie keine Verbindungsbleche, sondern drei Scharniere, die Sie zuerst hinter die Keilrahmen und dann an gewünschter Position weiter vorn auf das Brett schrauben.

Vom Bild zum Wohn-Design

Haben Sie Lust auf Veränderung, auf frischen Wind in den eigenen vier Wänden? Ohne gleich alles neu zu tapezieren oder gar kostspielige Teppiche, Möbel oder Kunstwerke kaufen zu müssen? Ein ideales und erschwingliches Material für kleine, aber effektvolle Veränderungen sind bespannte Keilrahmen. Sie erleben gerade ein neue Blüte und verwandeln sich vom schlichten Bildgrund zum Ausgangsmaterial für praktische Design-Ideen.

Ausdrucksstark

„Zeige mir deine Wohnung, und ich sage dir, wer du bist.“ Durch die Einrichtung unseres Zuhauses drücken wir bewusst oder unbewusst viel von unserer Persönlichkeit aus. Es spiegeln sich unsere Vorlieben darin, unser Sinn für Ästhetik und Ordnung, unsere Kreativität und Lebensweise, oft auch das Alter, die Herkunft und natürlich unser Geldbeutel. Dabei achten wir nicht nur darauf, ob wir uns selbst und unsere Familienmitglieder sich dort wohlfühlen, sondern wir bedenken auch die Wirkung auf Gäste. Und so sind wir immer wieder im Laufe unseres Lebens damit beschäftigt, unsere Wohnung zu verändern, sie wandelnden Bedürfnissen und oft auch dem Zeitgeist anzupassen.

Gestaltungslust

Aktiven Menschen öffnet das Zuhause ein weites Feld für ihren Gestaltungsdrang. Nach Herzenslust kann man hier mit Farben, Formen, Mustern und Strukturen spielen, sofern man seine Freiheit zu nutzen weiß. Während die einen vor allem Gekauftes geschickt arrangieren, steht bei anderen das Selbermachen, das Individuelle hoch im Kurs. Stets aber gilt zu entscheiden: Wodurch wirkt meine Wohnung ruhig, aber nicht zu langweilig? Wirkt sie anregend oder eher chaotisch, weil zu viele Akzente um Aufmerksamkeit buhlen? Wie empfinde ich die Stimmung in den verschiedenen Räumen? Wie wünsche ich sie mir? Ergibt sich eine Balance zwischen Harmonie und aufregendem Kontrast?

Harmonische Farbnuancen für den Wohnraum wollen gut überlegt sein

Neue Aufgaben

Mit Leinwand bespannte Keilrahmen können helfen, den Wohnbereich neu zu beleben. Aber keineswegs finden sie ihre Aufgabe nur als Malgrund für ein Wandbild! Ihr Einsatzgebiet erweitert sich. Wir holen Keilrahmen von der Wand in den Raum und erwecken sie zu neuem Leben: Wir schrauben Kleiderhaken in ihr Holz, verwandeln sie zu Pinnwänden, Mobiles und Kalendern, bauen daraus Windlichter und Lampen, wir verbinden sie mit Scharnieren zu Raumteilern und befestigen Regalborde am Rahmen – ganz zu schweigen von der vielfältigen Ausarbeitung mit Acryl- und Tafelfarbe, Strukturpaste, Holzdekor und anderem Material.
Auf der Suche nach Einsatzmöglichkeiten für bemalte Keilrahmen bleibt kein Bereich der Wohnung „verschont". Impulse dazu gibt dieses Buch. Schon die „Themen" der Räume (Begrüßen, Wasser, Nacht, Essen und Trinken, Spielen und so weiter) regen die Fantasie eines jeden kreativen Menschen an, zum einen für die Malerei selbst, zum anderen für den Verwendungszweck der Werke.

Leicht und flexibel

Keilrahmen sind wunderbar leicht. So hat man Paravents schnell umgestellt oder mal eben eine gemalte Fensterdekoration an die Gardinenschiene gehängt. Das geringe Transportgewicht dieser Malgründe macht auch den Einkauf unkompliziert, zumal viele Geschäfte sie inzwischen in reicher Auswahl und fertig grundiert vorrätig haben. Und wenn Sie stets die Keilrahmenseiten sorgfältig mitbemalen, wirkt die Gestaltung in sich geschlossen, und man kann auf einen schweren Rahmen verzichten.

Malen – aber was?

Große Malkünste sind keineswegs für ein dekoratives Wohnraum-Design nötig. Schon eine Gruppe einfarbig bemalter Flächen in reizvoller Farbwahl hat eine besondere Ausstrahlung.
Interesse wecken auch einfarbige, aber durch Strukturen belebte Flächen. Diverse Pasten und simple Materialien machen es möglich. Experimentieren Sie einfach!
Oder wie wär's mit Wiederholungsmustern im Retro-Design, in Anlehnung an die Siebzigerjahre? Oder mit aktuellem Streifen-Dessin? Mit Dekoren aus anderen Ländern und Epochen? Ein Tipp: Greifen Sie auch Muster, Motive und unbedingt die Farben aus dem Raum auf, zum Beispiel von den Wänden, Gardinen, Kissen, Polstermöbeln oder dem Teppich.
Aufwändigere bildhafte Motive finden Sie in Anleitungsbüchern wie diesem hier. Geübte lassen sich aber auch von eigenen Fotos und Skizzen inspirieren, von Kalenderbildern, Tapeten, Geschenkpapieren und vielem mehr, um dann ihr Lieblingsmotiv in der benötigten Größe auszuarbeiten.

Erfrischende Veränderung – manchmal weckt ein neues Keilrahmenwerk den Wunsch nach einer passenden Wandfarbe

Auf Ideensuche

Wer auf den Geschmack gekommen ist und noch mehr Keilrahmenideen für sein Zuhause entwickeln möchte, sollte ruhig einmal Möbelhäuser und Kataloge mit einem „Keilrahmenblick" durchstöbern. Manches daraus lässt sich garantiert in Ihrem Sinne abwandeln. Auch Wohnzeitschriften, Einrichtungsbücher und Museen über das Wohnen und Leben früher und in anderen Ländern können eine reichhaltige Fundgrube sein. Nicht zu vergessen sind hübsche Lädchen, Cafés und andere Wohlfühlorte.
Ihr neuer Blick fürs Wohnen wird Sie bereichern und vielleicht ungeahnte schöpferische Kräfte freisetzen, selbst wenn Sie nicht alle Ideen tatsächlich mit Keilrahmen verwirklichen, sondern womöglich mit einer ganz anderen Technik ausarbeiten – oder einfach nur in Ihrer Fantasie.

WOHNZIMMER

Vielfältig ist das Wohnzimmerleben – man empfängt dort Besuch, isst, klönt, liest und hört Musik. Mit unseren Ideen für Bilder und Raumteiler, für eine Uhr, Lampen und Windlichter verleihen Sie diesem zentralen Raum Ihre persönliche Note.

Uhr im Retro-Look

→ Ziffern sprengen den Rahmen

1 Zum Festlegen des Uhrzentrums auf der Leinwand 24 cm von oben und 12 cm von der linken Keilrahmenkante abmessen und mit dem Bleistift markieren. Dort den inneren Kreis (Zifferblatt) mit einem Durchmesser von 12 cm mit dem Zirkel aufzeichnen. Die beiden größeren Kreise mit einem Durchmesser von 30 cm (gelbe Fläche) und 48 cm (pink) mit Hilfe einer Schnur konstruieren. Dazu die Schnur nicht zu hoch an den Bleistift binden. 15 cm und 24 cm von ihm entfernt jeweils einen Knoten machen (Radius, also halber Kreisdurchmesser). Nun einfach jeden Knoten mit der Pinnwandnadel im Uhrzentrum auf der Leinwand fixieren und mit dem Bleistift bei vorsichtig gespannter Schnur die beiden Kreise zeichnen – im Grunde wie mit einem Zirkel. Die Kreislinien auf den Keilrahmenseiten weiterlaufen lassen. Die Pinnwandnadel mit Schnur und Bleistift entfernen.

2 Nun die drei Kreise und die Hintergrundfläche ausmalen. Dafür jeweils zuerst die Kreisränder sorgfältig mit einem schmalen Flachpinsel in der entsprechenden Farbe nachziehen. Dann den inneren Kreis (Zifferblatt) mit dem Malschwämmchen ganz in Echtrot ausfüllen. Die restlichen drei Flächen (maisgelber zweiter Kreis, pinkfarbener dritter Kreis und die Hintergrundfläche in Aprikose) mit dem Schwammroller ausfüllen, auch die Keilrahmenseiten. Für ein gleichmäßiges Ergebnis sind mindestens zwei Farbschichten notwendig, die Farbe stets gut trocknen lassen.

3 Die Vorlage für die Zifferblatt-Punkte in den roten Kreis und die vier großen Zahlen entsprechend der Abbildung auf die Leinwand übertragen. Das Violett mit Weiß aufhellen. Damit die Punkte des Zifferblatts sowie die drei Kreisränder mit einem dünnen Haarpinsel zeichnen. Die Zahlen weiß grundieren. Nach dem Trocknen für die riesige Sechs Violett mit Weiß und für die Drei Kobaltblau mit Weiß aufhellen und mit Flachpinseln sorgfältig auftragen. Die Neun mit Grün ausmalen, für die Zwölf dem Grün noch Weiß und Maisgelb hinzufügen.

4 Nach dem Trocknen die Ziffern und die vier größeren Punkte im Zifferblatt mit dem Lackstift silbern umranden. Die Zeiger eventuell ebenfalls silbern bemalen. Zum Schutz die Leinwand mit Firnis behandeln.

5 Vor dem Anbringen des Uhrwerks auf der dünnen Leinwand zur Stabilisierung vorn und hinten einen Kreis aus Moosgummi (laut Vorlage) auf die Achse stecken und mit Holzleim an die Leinwand kleben. Auch das Uhrwerk mit dem Holzleim fixieren, dann erst die Zeiger anschrauben.

MOTIVHÖHE
ca. 80 cm

MATERIAL
- Keilrahmen, 40 cm x 80 cm
- Acrylfarbe in Aprikose, Echtrot, Maisgelb, Pink, Violett, Kobaltblau, Grün und Weiß
- wasserfester Lackstift in Silber
- Firnis in Seidenmatt
- Moosgummirest in Orange
- Uhrwerk
- Bleistift
- Zirkel
- Schnur, ca. 70 cm lang
- Pinnwandnadel
- Malschwämmchen
- Schwammroller, 5 cm breit
- Holzleim

VORLAGEN-BOGEN B

Künstler-Tipp

Damit die großen Kreise exakt werden, nehmen Sie für den Schnurzirkel einen unelastischen Faden. Zur Sicherheit messen und markieren Sie mit Lineal und Bleistift vorher einige Hilfspunkte auf den geplanten Kreislinien.

Stehlampe

→ im Retro-Design

MOTIVHÖHE
ca. 1,14 m

MATERIAL
- 4 Keilrahmen, 24 cm x 30 cm
- Acrylfarbe in Primärzyan, Titanweiß, lichtem Ocker, Lichtgold und Schwarz
- 1 bis 2 Alu- oder Plastikleisten in Weiß, ca. 2 mm bis 4 mm stark, 5 cm breit, ca. 1 m lang
- Lautsprechergestell (zum Beispiel GÅJE von IKEA)
- Trinkglas, ca. ø 8 cm
- Kartonstreifen, 30 cm lang und so breit wie die Keilrahmenstärke (für Bohr-Schablone)
- Lampenfassung (nicht fest verschweißt!) mit Kabel, Schnurschalter und Netzstecker (evtl. im Fachhandel anfertigen lassen)
- schwarzes Gewebeklebeband
- selbstklebende Filzgleiter für Möbelfüße
- 8 geriffelte Holzdübel, ø 6 mm, 2,5 cm lang
- Holzleim
- 8 Holzschrauben, ø 4 mm, 2 cm lang
- Pinnwandnadel oder Spitzbohrer
- Bohrmaschine
- Bohrer, ø 3 mm und 6 mm
- weicher, heller Radiergummi
- Heißklebepistole

1 Für das Lampenschirmmuster die vier Keilrahmen eng nebeneinander legen. Das Trinkglas als Schablone unten links in die Ecke der ersten Leinwand setzen und mit Bleistift umfahren. Den nächsten Kreis rechts daneben setzen, er berührt nur den ersten. Auf diese Weise fortlaufende Reihen über alle vier Flächen zeichnen. Sind sie gefüllt mit sich berührenden Kreisen, eine zweite Lage darüber zeichnen, ihre Kreislinien schneiden genau vier Berührungspunkte der vorigen Lage.

2 Vor dem Ausmalen in einem Schraubglas ein Hellblau anmischen (aus Primärzyan und Titanweiß), außerdem ein helles Beige (aus lichtem Ocker, Titanweiß und Lichtgold). Lichten Ocker und Schwarz pur verwenden.

3 Das Muster mit diesen vier Tönen mit einem Haarpinsel teilweise ausmalen, also genügend Leinwand und die Keilrahmenseiten weiß lassen. Sichtbare Pinselspuren in der noch feuchten Farbe mit fast trockenem Pinsel verstreichen. Nach dem Trocknen eventuell den Farbauftrag wiederholen. Die Bleistiftstriche wegradieren.

4 Vor dem Montieren der vier Keilrahmen eine Schablone zum Markieren der Bohrlöcher anfertigen. Dazu an dem 30 cm langen Pappstreifen (so breit wie die Keilrahmenstärke) von beiden Enden aus 6 cm abmessen. Dort mittig zwei Löcher mit der Pinnwandnadel oder dem Spitzbohrer durchstechen, ausreichend für eine Bleistiftspitze. Mit dieser Schablone an jeder langen Keilrahmenseite vier Löcher markieren: zwei links an einer Schmalseite, rechts hingegen zwei auf der breiten Rahmenrückseite; dort die Schablone stets bündig an die Außenkante legen.

5 Alle 16 Löcher mit dem 6-mm-Bohrer bohren: an den schmalen Keilrahmenseiten gut 2 cm tief, an den breiten Rückseiten max. 7 mm tief. Bei zwei Keilrahmen, die später gegenüber liegen sollen, Holzleim in die Löcher geben und die acht Dübel leicht mit dem Hammer einklopfen. Ausquellenden Leim feucht wegwischen. Auch die Löcher der übrigen Rahmen mit Leim versehen. Den Lampenschirm zusammenfügen, den Leim trocknen lassen.

6 Für den Elektroanschluss die Lampenfassung vom Kabel abmontieren und es von unten durchs Gestellrohr ziehen. Die Fassung wieder ans Kabel anklemmen und mit Gewebeklebeband oder Heißkleber oben an der Gestellplatte stabilisieren. (Elektroarbeiten sollte ein Fachmann erledigen!) Unterm Sockel das Kabel mit Gewebeklebeband fixieren. Falls das Kabel den Ständer instabil macht, sechs Filzgleiter unterm Sockel anbringen.

7 Den zum Lautsprechergestell gehörenden Klettverschluss wie vorgeschrieben oben an der Gestellplatte anbringen. Als Lampenschirmbasis vier Stücke von der Alu- oder Plastikleiste absägen: so lang, wie der Lampenschirm unten breit ist (abhängig von Keilrahmenstärke). 5 mm von den Leistenenden entfernt je ein Loch vorbohren.

8 Die Klettband-Gegenstücke mittig in Randnähe auf die Leisten kleben und zwei von ihnen auf die Platte kletten. Den Lampenschirm darauf setzen und von unten her zunächst vorsichtig mit einer Schraube pro Leiste anschrauben (am besten zuvor mit dem 3-mm-Bohrer vorbohren, siehe dazu auch die Grundanleitung auf Seite 7).

9 Die anderen zwei Leisten im 90°-Winkel versetzt anbringen und sie dabei wie beim Weben mit den ersten Leisten „verflechten“. Danach erst alle restlichen Schrauben unten ins Rahmenholz eindrehen. Zum Schluss die Glühlampe in die Fassung schrauben.

Poppige Blumenhalter

→ paarweise und bunt wie ein Regenbogen

MOTIVHÖHE
ca. 10 cm

MATERIAL

- 2 Mini-Keilrahmen, 10 cm x 10 cm
- Acrylfarbe in Kobalttürkis, Kadmiumorange, Kadmiumgelb dunkel, Magenta, Kobaltblau, Kadmiumgrün hell und Kadmiumrot hell
- 2 Reagenzgläser, ø 1,5 cm, 9 cm lang
- 2 Stücke Kunstbast in Orange, je 30 cm lang
- Holzleim
- Cutter mit Schneideunterlage
- dünner, wasserfester Filzstift in Schwarz

1 Die rund 20 Streifen auf der Leinwand leicht mit Bleistift markieren, die Streifenbreite beträgt ca. 5 mm.

2 Die Streifen in beliebiger Farbabfolge frei Hand ausmalen, auf den Keilrahmenseiten fortsetzen und trocknen lassen. Am besten die Farben ein zweites Mal auftragen, damit sie auf jeden Fall gut decken und kräftig leuchten.

3 Nach dem Trocknen die Farbgrenzen zwischen den Streifen mit dem schwarzen wasserfesten Filzstift locker nachzeichnen. Die Linien sollen durchaus bewegt und nicht zu geradlinig ausfallen, damit die Malerei lebendiger wirkt.

4 Die Mitte der Reagenzgläschen rundherum mit Holzleim bestreichen. Je ein Stück Bast vorsichtig in der Breite auseinander ziehen und an der geleimten Stelle zwei- bis dreimal um das Glas wickeln, zwei gleich lange Enden des Bastes sollen aber für die spätere Schleife frei hängen bleiben. Den Leim trocknen lassen.

5 Als Durchzug für den Bast in der Keilrahmenmitte mit dem Cutter zwei ca. 1 cm lange Schnitte nebeneinander in die Leinwand schneiden, im Abstand von 1,5 cm.

6 Durch diese Schlitze die zwei Bastenden nach hinten ziehen, bis das Gläschen auf der Vorderseite fixiert ist. Auf der Rückseite der Leinwand die Bastbänder nur einmal verknoten und zu einer festen Schleife binden. Mit dem anderen Bild und Gläschen ebenso verfahren. Auf diese Weise ist es möglich, die Bastschleifen später zu lösen und die Väschen zum Säubern immer wieder vom Mini-Bild abzunehmen.

Anwendungs-Tipp

Solche Mini-Bilder mit praktischem Nutzen sind nicht so aufwändig herzustellen, aber dennoch attraktiv. Sie eignen sich prima als Geschenk und können sogar auf die Lieblingsfarben des Beschenkten abgestimmt werden.

Dreieckige Windlichter

→ mit Blüten und Herzen

MOTIVHÖHE
ca. 10 cm

MATERIAL
- 6 Mini-Keilrahmen, 10 cm x 10 cm
- Acrylfarbe in Kadmiumorange, Kadmiumgelb dunkel und Magenta
- Rest Fotokarton oder Tonpapier in Rot
- 6 Scharniere in Messingfarbe, 2,4 cm x 1,6 cm
- 24 Holzschrauben in Messingfarbe, ø 2 mm, 1 cm lang (zu den Scharnieren passend)
- 2 Trink- oder Teelichtgläser, Höhe ca. 5 cm bis 6 cm, obere Öffnung max. ø 6 cm
- 2 Teelichter
- Klebstoff
- Schraubendreher
- Spitzbohrer (Vorstecher)
- evtl. Pinzette

VORLAGE SEITE 79

1 Um die Leuchtfelder zu markieren, alle sechs Rähmchen gegen das Licht halten. Der Rahmenausschnitt im Holz lässt das Licht als kleines helles Quadrat auf der Leinwand erscheinen. Diese Quadrate bei allen Rähmchen mit einem Bleistift rundherum markieren, da sie später bei der Streifen- und Punktmusterung ausgespart werden.

2 Für das streifig gemusterte Windlicht mit einem sehr feinen Haarpinsel Streifen im Abstand von ca. 3 mm bis 4 mm in Gelb vorn auf eine Leinwand malen. Wenn etwa die Hälfte gemalt und noch feucht ist, mit einem dicken Haarpinsel und klarem Wasser vorsichtig über die Streifen malen, um die Zwischenräume mit lasierender Farbe auszufüllen. Mit den restlichen Streifen ebenso verfahren. Danach mit wenig Gelb und viel Wasser auch das quadratische Leuchtfeld lasierend bemalen und das Streifenmuster trocknen lassen.

3 Nach dem Trocknen die Rähmchenseiten und die Leinwand auf der Rückseite des Rahmens in Gelb bemalen. Auf diese Weise ein weiteres Rähmchen in Orange und eines in Magenta mit dem Streifenmuster gestalten.

4 Für das Windlicht mit Punkten die drei markierten quadratischen Leuchtfelder mit lasierendem (wässerig verdünntem) Gelb ausmalen. Die übrige Leinwandfläche aller drei Rähmchen komplett in Orange bemalen, auch die Rähmchenseiten und die Leinwände auf der Keilrahmenrückseite. Die Grundierung trocknen lassen.

5 Vorn auf diese drei Leinwände mit nicht verdünnter, cremiger Farbe unterschiedlich große, satte Punkte in Magenta aufmalen. Sind sie getrocknet, in die größeren Punkte zusätzlich große gelbe Tupfen setzen. Ganz zum Schluss eventuell alle Punkte zur Betonung mit Bleistift umranden.

6 Für das Schattenmotiv in den Leuchtfeldern die Vorlage (Herz und Blume) je dreimal auf den roten Tonkarton übertragen und ausschneiden. Die drei Blumen von hinten ans Leuchtfeld der streifig gemusterten Leinwände kleben, die Herzen hinter die mit Punkten verzierten Keilrähmchen. Dabei hilft eine Pinzette.

7 Zum Verbinden der Rähmchen zwei benachbarte mit den Rückseiten zusammenlegen und ein Scharnier mittig auf die Schmalseiten legen. Die Löcher mit dem Bleistift markieren, das Scharnier abnehmen und die Löcher mit dem Spitzbohrer leicht vorbohren. Das Scharnier wieder auflegen und mit vier Holzschrauben befestigen. Auf diese Weise bei jedem Windlicht die übrigen Löcher markieren und die Scharniere anschrauben.

8 Sind beide Windlichter fertig als geschlossene Dreiecke zusammengefügt, jeweils ein Glas mit Teelicht hineinstellen.

Künstler-Tipp

Wer Motivlocher besitzt, deren Herzen, Spiralen usw. von der Größe her ins Leuchtfeld passen, kann sich das Ausschneiden des Papiers mit der Schere sparen.

Maritimes Mobile

→ Farben und Elemente des Meeres

MOTIVHÖHE
verschieden, je nach Aufhängung

MATERIAL
- 2 Keilrahmen, 50 cm x 20 cm
- 3 Keilrahmen, 20 cm x 10 cm
- festes Naturpapier in Weiß, wellig (z. B. handgeschöpftes Himalaya-Papier), mind. 50 cm x 60 cm
- Acrylfarbe in Primärcyan, Indigo, Phthalogrün, gebrannter Erde, lichtem Ocker und Titanweiß
- Pastellkreide in Dunkelblau, Türkis, gebrannter Erde und Weiß
- Plusterfarbstift in Schwarz und Weiß
- Glitzergel (Tube)
- 10 Ringschrauben, ø 5 mm
- Draht in Blau, ø 3 mm
- 2 kleine Glasflaschen in Blau
- Perlen in Silberblau und Perlweiß
- Muschel-Pailletten
- runde Spiegelpailletten in verschiedenen Farben
- Zierkiesel in Blau
- etwas Naturmaterial, z. B. Sand, Steine, verschieden große Muscheln, Korallen
- Heißklebepistole
- UHU Alleskleber Kraft
- Spitzbohrer
- Kombizange oder Schraubendreher

VORLAGE SEITE 77 + 78

1 Zunächst alle fünf Keilrahmen grundieren. Dazu Titanweiß, Primärcyan, Indigo und Phthalogrün mit einem breiten feuchten Borstenpinsel auf die Leinwände und Keilrahmenseiten wischen und dabei schöne Nuancen erzeugen. Längs und quer laufende Pinselspuren strukturieren und beleben die Fläche. Die Farbe trocknen lassen. Die eine große Leinwand wird nicht weiter bemalt.

2 Die Vorlage für den Krebs auf die zweite große Leinwand übertragen, mit wässerigem Indigo locker ausmalen und die Konturen mit einem Haarpinsel leicht mit Ocker nachziehen. Diese Linien auf der Lichtseite mit Türkis, Hellblau und Weiß intensivieren, auf der Schattenseite mit Indigo und Grün. Helle und dunkle Bereiche zusätzlich mit Glitzergel sowie weißem und schwarzem Plusterfarbstift verstärken. Ist alles trocken, mit Pastellkreiden den Krebs und sein Umfeld leicht schraffieren. Etwas Kraftkleber auftupfen, mit Sand bestreuen sowie Muscheln und kleine Steinchen rund ums Tier kleben.

3 Bei den drei kleinen Keilrahmen Wassergräser und Schlingpflanzen andeuten. Dazu frei Hand wenige Schlangenlinien in verschiedenen Tönen malen. Außerdem als Luftblasen große und kleine helle Kringel hinzufügen, duftig und skizzenhaft.

4 Die Vorlage für das Schneckengehäuse auf eine der kleinen Leinwände übertragen. Die anderen beiden mit den Längskanten aneinander legen. Darauf das Seepferdchen und darunter die Spiralpflanze übertragen. Diese Formen mit wässerigem Türkis (gemischt aus Primärcyan, Grün und Weiß) nicht zu gleichmäßig ausmalen. Die Konturen locker nachziehen: auf der Schattenseite mit Indigo und Grün, auf der Lichtseite mit Türkis, Hellblau und Weiß. Dort nach dem Trocknen zusätzlich mit Glitzergel und weißem Plusterstift Akzente setzen, ebenso einige Stellen mit Pastellkreiden betonen.

5 Für die Rückseite der Bilder die Keilrahmen auf das Naturpapier legen und mit einem Bleistift dünn umfahren. Das Papier nicht schneiden, sondern mit einem nassen Pinsel die Bleistiftlinien nachziehen und das Papier über einer Tischkante oder am Lineal entlang abreißen. Diese Bogen mit wenig Kraftkleber von hinten auf die Keilrahmen kleben. Zusätzlich einige Muscheln auf das Naturpapier kleben.

6 Zum Aufhängen in jeden Keilrahmen oben und unten mit dem Spitzbohrer ein Loch in der Mitte vorstechen und die Ringschrauben eindrehen. Dabei ist eine Kombizange oder ein durchgesteckter Schraubendreher hilfreich. Dort den blauen Draht in gewünschter Länge durch die Ösen fädeln und festzwirbeln. Zur Verzierung zum Beispiel Perlen in Dreiergruppen aufziehen (mit Drahtknoten fixieren), Spiegelpailletten paarweise mit der Heißklebepistole gegeneinander kleben oder Steine und Muscheln an die Enden binden.

7 Zwei blaue Flaschen aufhängen und beispielsweise mit Sand, Steinchen, Muscheln und Korallen, mit poetischer Flaschenpost oder einer Pflanze füllen. Jahreszeitlich wechselnde Dekorationen könnten ebenso an die Drähte gehängt werden, z. B.: Urlaubspostkarten oder kleine Aufmerksamkeiten zu den Festtagen.

8 Das Mobile je nach Platz und gewünschter Beweglichkeit an eine Stange, an drehbare Stäbe oder einen Reifen hängen.

Mühle und Schach

→ als Spielbrett oder dekoratives Bild

MOTIVHÖHE
ca. 30 cm

MATERIAL
- 2 Keilrahmen, 30 cm x 30 cm
- Acrylfarbe in Weiß, Permanentrosa, Ultramarinblau und Schwarz
- wasserfester Filzstift in Schwarz
- 20 Wasser- oder Saftflaschenverschlüsse
- Schachfiguren
- 2 dicke Plastikfolien, ca. 14 cm x 28 cm
- Lineal
- Profi-Heftpistole (Tacker) mit Heftklammern

1 Für das Mühlespiel eine Leinwand, auch die Keilrahmenseiten, zweimal mit einer Farbmischung aus Weiß, Rosa und Blau grundieren. Nach dem Trocknen mit Lineal und Bleistift die Linien abmessen, aufzeichnen und mit dem wasserfesten Filzstift nachzeichnen: das äußere Quadrat 3 cm vom Rand entfernt, das nächste dazu im 4-cm-Abstand, das kleinste Quadrat ist rundherum wiederum 4 cm kleiner. Anschließend die drei Quadrate mit Mittellinien verbinden.

2 Nun 20 Flaschenverschlüsse säubern, trocknen und 10 Stück in Schwarz anmalen. Für die anderen 10 Verschlüsse dieselbe Farbe wie für das Spielbrett nehmen, jedoch vor dem Malen mit Weiß aufhellen. Nach dem Trocknen den Farbauftrag wiederholen.

3 Das inzwischen getrocknete Spielbrett wenden und stabile Plastikfolie auf einer Hälfte straff auf den Keilrahmen tackern, so dass an drei Seiten 1 cm Platz zur Rahmenkante bleibt. Dieser Hohlraum zwischen Folie und Leinwand kann als Tasche für die Spielsteine genutzt werden, wenn das Brett im Regal steht oder an der Wand hängt.

4 Für das Schachspiel die Leinwand und die Keilrahmenseiten zweimal mit einer Weiß-Rosa-Mischung gleichmäßig grundieren. Den Farbauftrag danach stets trocknen lassen.

5 Mit dem Lineal 1 cm Rand ringsum abmessen und mit Bleistift anzeichnen. Das innere Feld mit je sieben waagerechten und senkrechten Linien unterteilen, jeweils mit einem Abstand von 3,5 cm. Mit dem Lineal und dem wasserfesten Filzstift alle Linien nachzeichnen. Die Hälfte der 64 Quadrate mit schwarzer Acrylfarbe sorgfältig im Schachbrettmuster ausmalen.

6 Von den Schachfiguren aus dem Spielwarenhandel nur die weißen farblich anpassen. Dazu wieder Rosa mit Weiß (wie für das Spielbrett) mischen, jedoch nun mit mehr Weiß einen helleren Ton herstellen. Mit dieser Nuance die weißen Figuren bemalen. Nach dem Trocknen den Farbauftrag wiederholen. Hinten an den Keilrahmen wie in Schritt 3 eine Tasche aus Plastikfolie anbringen, wo die Spielfiguren staubfrei lagern können.

Variations-Tipp

Die Untergrund- und Figurenfarbe können Sie ganz nach Ihren Wünschen wählen. Nehmen Sie aber als zweite Farbe immer Schwarz. Das sieht nicht nur gut aus – auch der benötigte wasserfeste Filzstift ist auf jeden Fall überall im Handel in Schwarz erhältlich.

Cosmea-Raumteiler

→ duftige Sommerstimmung

MOTIVHÖHE
ca. 1,25 m

MATERIAL
- 3 Keilrahmen, 30 cm x 40 cm
- 3 Stück grundierte Leinwand, 30 cm x 40 cm
- Acrylfarbe in Weiß, Türkis, Ultramarinblau, Permanentgrün, Gelb, Orange und Schwarz
- doppelseitiges Klebeband
- Lackstift in Weiß
- 6 weiße Ringschrauben, z. B. 1,6 cm lang
- 4 weiße Schraubhaken, z. B. 2,5 cm lang
- Spitzbohrer (Vorstecher) oder kleiner Handbohrer

VORLAGEN-BOGEN B

1 Das Motiv auf die drei Leinwände übertragen. Mit einem breiten Borstenpinsel den Hintergrund und die Keilrahmenseiten mit einer Mischung aus Blau und Türkis ausmalen, die Pflanzen jedoch aussparen. Ebenso die drei Stücke grundierter Leinwand einfarbig bemalen, das wird die Rückseite des Raumteilers. Die Grundierung trocknen lassen und alles wiederholen, damit die Farbe gut deckt.

2 Um den Hintergrund lebendiger zu strukturieren, zuerst eine Mischung aus Blau, Weiß und Türkis mit viel Wasser anmischen. Etwas zusammengeknüllte Plastikfolie (z. B. von der Keilrahmenverpackung) in diese Mischung eintauchen und eine Probe auf altem Papier anlegen. Schließlich zarte wolkige Strukturen damit auf die Leinwand auftupfen. Die Stellen der Blüten, die aus Versehen Farbflecken abbekommen haben, mit Weiß übermalen. Die Farbe gut trocknen lassen.

3 Jetzt die Blütenblätter mit Weiß und Grau (aus Weiß und Schwarz gemischt) malen, dabei den Pinsel in Wuchsrichtung der Blätter führen. Die Schattenzonen und Kanten eine Spur dunkler gestalten.

4 Das Blüteninnere mit Gelb und Orange tupfen. Mit Grün, Grün-Weiß und Grün-Schwarz die Stängel und Blätter ausmalen. Mit stark verdünntem Gelb eine transparente Lasur über die weißen Blütenblätter streichen.

5 Auf der Rückseite der drei bemalten Leinwandstücke, rundherum direkt am Rand entlang, das doppelseitige Klebeband anbringen. Diese Leinwände passgenau auf die Keilrahmenrückseiten kleben. Ca. 1 cm parallel zur Kante mit dem Lineal und einem weißen Lackstift eine Zierlinie ziehen und trocknen lassen.

6 In die oberen Schmalseiten der drei Keilrahmen, jeweils 4 cm von der rechten und linken Ecke entfernt, kleine Löcher mit dem Spitzbohrer von Hand vorstechen und die sechs weißen Ringschrauben eindrehen (siehe dazu auch die Grundanleitung auf Seite 7). Das obere und mittlere Bild erhalten entsprechend an den unteren Schmalseiten vier weiße Schraubhaken. Nun kann man die Bilder untereinander hängen, aber jederzeit wieder auseinander nehmen. An den oberen zwei Ringschrauben den Raumteiler an die Zimmerdecke oder auch an die Wand hängen.

Variations-Tipp

Anstelle der unifarbenen Raumteiler-Rückseite können Sie die zweite Seite auch anders bemalen, sogar mit demselben Motiv in anderen Farben.

Mediterraner Sommerstrauß

→ abgerundet durch passende Dekorkugeln

MOTIVHÖHE
Bild ca. 80 cm
Kugeln ø ca. 15 cm und 20 cm

MATERIAL FÜR BILD UND DEKORKUGELN

- Keilrahmen, 60 cm x 80 cm
- 2 Keilrahmen, 20 cm x 80 cm
- 2 Styroporkugeln, ø 15 cm und 20 cm
- Acrylfarbe in Titanweiß, Elfenbein, Apricot, Terracotta, Olivgrün und Neapelgelb
- 2 Holzornamente: Vase (ca. 45 cm hoch) und Schale (ca. 15 cm hoch)
- Tapetenbordüre mit Ornamenten in starker Reliefstruktur
- grobe Strukturpaste
- Leichtstrukturpaste
- Holzleim
- Balsaholzreste oder Pappreste
- Schablonierpinsel oder Borstenpinsel
- schmaler Spachtel, vorn gerundet
- flacher Schwamm

VORLAGENBOGEN A

1 Die drei Keilrahmen wie auf dem Foto nebeneinander legen. Für den Dekorrand erhabene Teilstücke aus der Tapetenbordüre reißen – zumindest grob entlang der Konturen. Diese Stücke an drei Seiten am Rand des Gesamtbildes auflegen. Die Holzvase und -schale in der Mitte arrangieren. Die nicht flach aufliegende Schale mit Balsaholz- oder Pappresten unterfüttern. Sämtliche Teile mit Holzleim auf die Leinwand kleben und trocknen lassen.

2 Die grobe Strukturpaste mit dem Spachtel partieweise auf die Leinwand aufbringen, vor allem die Ansätze der ausgerissenen Tapetenornamente gut kaschieren. Die Paste trocknen lassen.

3 Für die Farbgebung die Leinwände und die Keilrahmenseiten zuerst mit einem breiten Flachpinsel in Elfenbein bemalen. In die noch feuchte Farbe wenig Apricot und Terracotta einarbeiten, um Schwerpunkte zu setzen. Über die erhabenen Tapetenornamente nach dem Trocknen mit einem flachen Schwamm und nur leichtem Druck eine Apricot-Terracotta-Mischung wischen.

4 Die Vase und die Schale nun kräftiger mit einer Apricot-Terracotta-Mischung grundieren. Die Ornamente der Gefäße mit einem Schablonier- oder Borstenpinsel herausarbeiten. Dazu nur wenig Grün und Terracotta mit dem Pinsel aufnehmen, ihn auf einem Tuch fast trocken tupfen und damit zart über das Relief streifen („überbrushen"). Ebenso mit Weiß ganz gezielte Lichteffekte ins Bild setzen.

5 Für den Margeritenstrauß die Vorlage aufs Bild übertragen. Mit Leichtstrukturpaste und Spachtel die Blüten ausformen, weitere ergänzen. Etwas Paste mit Acrylfarbe grün einfärben und mit dem Borstenpinsel einen dezenten Hintergrund schaffen. Das Blüteninnere mit Neapelgelb auftupfen.

6 Für die Dekorkugeln erhabene Tapetenornamente ausreißen und mit Holzleim gut auf den Styroporkugeln fixieren. Nach dem Trocknen zuerst die Ansätze der aufgeleimten Bordürenmuster mit grober Strukturpaste überarbeiten, dann auch die übrige Kugeloberfläche mit Strukturpaste versehen. Gut trocknen lassen.

7 Die Kugeln mit einer Terracotta-Apricot-Mischung grundieren, nach dem Trocknen die erhabenen Stellen mit dem flachen Schwamm mit Weiß leicht überwischen. Schließlich mit einem fast trockenen Rundpinsel und wenig Weiß auch die übrigen Kugelflächen effektvoll und hauchzart „überbrushen" (siehe Schritt 4).

Einkaufs-Tipp

Holzornamente und plastische Tapetenbodüre findet man in Bastelgeschäften, Bodüren auf jeden Fall in guten Tapetengeschäften. Es lohnt sich dort auch die Frage nach ausgedienten Musterbüchern.

Blumige Aussichten

→ himmelblauer Blickfang fürs Fenster

MOTIVHÖHE
ca. 60 cm

MATERIAL
- Keilrahmen, 20 cm x 60 cm
- Acrylfarbe in Titanweiß, Primärgelb, Primärcyan (Blau), Magenta, Azo-Orange, Phthalogrün und lichtem Ocker
- 2 Bilderösen zum Aufnageln (oder Ringschrauben)
- 2 Aufhänger für Vorhangschiene oder Bildschiene
- Perlonseil

VORLAGE SEITE 79

1 Die Leinwand und die Keilrahmenseiten nass in nass mit breitem Borstenpinsel mit Blau (Primärcyan) und Weiß bemalen, wobei die Farben erst direkt auf der Fläche miteinander vermischt werden. Dabei beachten, dass sich kein zu gleichmäßiges Hellblau ergibt, sondern dass leicht wolkige Nuancen entstehen und sogar weißer Untergrund durchschimmert.

2 Nach gründlichem Trocknen der Grundierung die Vorlage darauf übertragen.

3 Für die Blütenblätter der Gerbera das Weiß dick auftragen und beim Vermalen der Blattstruktur folgen. Ein zweiter Farbauftrag in Weiß ist überflüssig, er würde sogar die Transparenzwirkung der Blütenblätter zerstören.

4 Die Blütenstiele mit Grün nachziehen und dabei mit auslaufendem Pinsel nach unten verlängern. Die rechte Seite als Sonnenseite definieren und entsprechend auf der rechten Seite der Stiele mit lichtem Ocker und etwas Gelb Lichteffekte setzen. Wem das Grün auf der Schattenseite noch zu „giftig" ist, kann es mit wässerigem lichten Ocker etwas dämpfen.

5 Die Schattenpartien auf den weißen Blütenblättern mit Gelb schattieren.

6 Für das Blüteninnere einen Haarpinsel mehrmals unkontrolliert ins Gelb, Weiß, Orange und Magenta und dann ins Zentrum tupfen. Der Mittelpunkt sollte am dunkelsten sein, hierfür also nur wenig Weiß mit dem Pinsel aufnehmen.

7 Die ganz dunklen Schattenpartien an der Blüte mit Magenta vertiefen. Auch den Stielansatz direkt im Schatten der Blütenblätter mit Magenta abdunkeln.

8 Wenn das Bild trocken ist, zwei Bilderösen oben an den Keilrahmen nageln oder Schraubösen eindrehen (siehe auch die Grundanleitung auf Seite 7). Das Bild dann mit zwei Perlonseilen an der Vorhangschiene oder an einer Bilderschiene vors Fenster hängen.

Anwendungs-Tipp

Vor einem transparent-duftigen (Flächen-)Vorhang schafft solch ein Bild einen wirkungsvollen Raumakzent. Falls das Fenster von außen einsehbar ist, kann der Keilrahmen von hinten mit einem in Größe und Farbe passenden Ton- oder Naturpapier kaschiert werden. Bei großen Fenstern sähe auch eine Dreiergruppe ähnlich zarter Motive dekorativ aus.

Vasen-Paar mit Konsole

→ verschwenderisch – Antike trifft Jugendstil

MOTIVHÖHE
Bild ca. 60 cm
Konsole ca. 25 cm

MATERIAL FÜR BILD UND KONSOLE

- Keilrahmen, 50 cm x 60 cm
- Holzkonsole mit plastischen Ornamenten
- Acrylfarbe in Zinnoberrot, Ultramarinblau, Hautton und Brillantgold
- 2 Holzornamente: Vasen, ca. 27 cm und 20 cm hoch
- Tapetenbordüre mit Bogenornamenten in starker Reliefstruktur
- grobe Strukturpaste
- Holzleim
- Balsaholzreste oder Pappreste
- Spachtel, vorn gerundet
- Schablonierpinsel oder Borstenpinsel
- flacher Schwamm

1 Für den Dekorrand des Bildes erhabene Teilstücke aus der Tapetenbordüre reißen, zumindest grob entlang der Konturen (siehe Seite 64, Schrittfoto). Gerade das nicht Perfekte macht den Reiz dieser antik wirkenden Gestaltung aus. Diese Bordürenstücke unten und links auf dem Rand der Leinwand arrangieren, die Vasen darüber platzieren. Die nicht ganz aufliegende Vase mit kleinen Balsaholzstückchen oder Papp-resten unterfüttern. Die Bordürenteile und Vasen gut mit Holzleim fixieren und alles trocknen lassen.

2 Die grobe Strukturpaste mit dem Spachtel partieweise auf die Leinwand aufbringen, vor allem die Ansätze der ausgerissenen Tapetenornamente gut kaschieren. Die Paste trocknen lassen.

3 Mit einer Rot-Blau-Mischung die strukturierte Leinwand und die Keilrahmenseiten komplett grundieren. In die noch feuchte Farbe stellenweise den Hautton wischen, um einige Bereiche zu betonen.

4 Nach dem Trocknen ein wenig Brillantgold auf den Schablonier- oder Borstenpinsel geben und fast trocken über die Vasen und Tapetenbordüre brushen (siehe Seite 48, Schritt 4), die erhabenen Strukturen werden so deutlich sichtbar. Verstärkt werden die Strukturen noch durch das Überwischen mit einem brillantgold-durchtränkten Schwamm (wenig Druck ausüben).

5 Das Bild so lange vorsichtig mit den Farben überarbeiten, bis das gewünschte Ergebnis erreicht ist.

6 Die Konsole mit einer Rot-Blau-Mischung grundieren. Nach dem Trocknen wenig Brillantgold wie zuvor auf den Schablonier- oder Borstenpinsel geben und zur Betonung die erhabenen Stellen überbrushen (siehe Seite 48, Schritt 4).

7 Das Brillantgold zusätzlich mit wenig Rot und Blau vermengen, dann diese Mischung auf den Schablonier- oder Borstenpinsel geben und die Konsolenornamente nach Belieben erneut überbrushen.

Spar-Tipp

Als preisgünstige Alternative zu den käuflichen Holzornamenten schneiden Sie sich die passenden Formen aus Wellpappe zurecht. Am besten entwerfen Sie die Vasen vorher mit einmal gefaltetem Zeitungspapier, damit sie symmetrisch werden. Die gewählte Papierform legen Sie als Schnittmuster auf die Pappe, zeichnen die Kontur nach und schneiden die Vase aus.

Lampenobjekt

→ Ensemble in edlem Rot

MOTIVHÖHE
ca. 1 m, je nach Hängung

MATERIAL
- Keilrahmen, 20 cm x 60 cm, ca. 4 cm stark
- 2 Keilrahmen, 20 cm x 20 cm
- Acrylfarbe in Terracotta, Rotwein und Weiß
- Iron-on-Folie oder einseitig klebende Lampenschirmfolie, opak, 33 cm x 33 cm
- Bügeleisen
- Deko-Vlies, streifig gemustert (Cashmir burgund), 30 cm x 50 cm
- Lichterkette mit 20 Lämpchen
- doppelseitiges Klebeband oder Teppichverlegeband, 4 cm breit
- stabile Pappe, 17 cm x 30 cm
- Kreppklebeband, 3 cm breit
- Haushaltsschwamm
- Malschwämmchen
- Firnis für Acrylfarbe
- Heißklebepistole

VORLAGE SEITE 80

1 Zur Grundierung Acrylfarbe in Terracotta mit etwas Wasser verdünnen und mit dem Haushaltsschwamm waagerecht über die drei Leinwände und die Keilrahmenseiten streichen. Trocknen lassen.

2 Für das Dekor der später sichtbaren Lampenbasis vom oberen und unteren Ende der großen Leinwand einen 15 cm breiten Bereich mit Bleistift abteilen. In der Mitte des Dekorbereichs jeweils einen 9 cm breiten Streifen beidseitig abkleben und verdünnte weinrote Farbe mit dem Malschwämmchen auftragen. Das Klebeband entfernen.

3 Die verbleibenden, 3 cm breiten Ränder nach außen hin mit einem 1 cm breiten Streifen versehen. Den gesamten Dekorrand mit Streifen und Linien gestalten: mit Weinrot pur oder mit Wasser oder Weiß aufgehellt.

4 Die Vorlage fürs Blütenmotiv in die weinroten Streifen übertragen, die Blütenmitte beidseitig wiederholen. Das Motiv zuerst weiß, dann in Terracotta ausmalen und die Konturen weinrot umranden. Nach dem Trocknen alles mit Firnis schützen.

5 Um die Löcher für die Lämpchen zu markieren, die Leinwand auf halber Höhe mit einem waagerechten Bleistiftstrich abteilen. Jeweils darüber und darunter im Abstand von 5 cm zwei weitere Reihen markieren. Auf diese fünf Linien alle 4 cm ein Kreuzchen zeichnen.

6 An diesen 20 Stellen mit dem Cutter ca. 5 mm hohe Kreuzchen in die Leinwand schneiden. Die Lichterketten-Lämpchen von hinten durchstecken und mit Heißkleber fixieren. Die Pappe mit dem Teppichverlegeband so hinter den Keilrahmen kleben, dass die Kabel verschwinden und später beim Aufhängen der Lampe nicht stören.

7 Für den vorgewölbten Lampenschirm das Deko-Vlies auf die Folie bügeln oder kleben, auf 33 cm Breite und 30 cm Höhe schneiden und mit dem Doppelklebeband an den Rahmenseiten befestigen.

8 Bei den kleinen Bildern rundherum einen 3 cm breiten Rand mit Klebeband abkleben. Im Mittelfeld einen 6 cm breiten Streifen mit Bleistift markieren, abkleben und mit verdünnter weinroter Farbe mit dem Malschwämmchen großzügig austupfen. Das Motiv übertragen und wie in Schritt 4 ausmalen. Das Band entfernen. Darüber und darunter zwei schöne Vliesstreifen (4 cm x 14 cm) mit dem Doppelklebeband aufsetzen. Die Klebebänder entfernen und die Bildränder mit passenden Streifen und Linien bemalen. Nach dem Trocknen Firnis zum Schutz auftragen.

Künstler-Tipp

Wenn Ihr Deko-Vlies eine andere Farbzusammenstellung hat, stimmen Sie Ihre Acrylfarben darauf ab.

Drehbar

→ Raumteiler

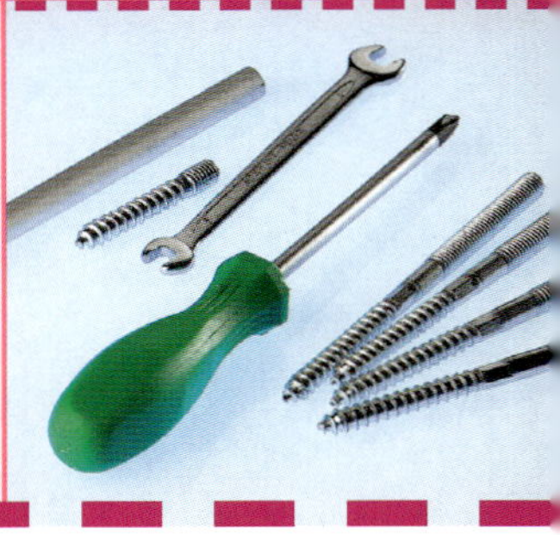

MOTIVHÖHE
ca. 1,52 m

MATERIAL
- 6 Keilrahmen, 30 cm x 30 cm, ca. 3,8 cm stark
- 6 Malpappen, 30 cm x 30 cm
- 2 große Bogen Naturpapier in Weiß mit Pflanzeneinschlüssen, z. B. je 40 cm x 65 cm
- Acrylfarbe in Zinnobergrün, Primärcyan, Magenta und Titanweiß
- 2 Holz-Rechteckleisten, 3,8 cm x 4,5 cm, 1,40 m lang (Kanten gefast)
- 2 Holz-Rechteckleisten, 3,8 cm x 4,5 cm, 1 m lang (Kanten gefast)
- 8 Stockschrauben, M8 x 120 (ø 8 mm, 12 cm lang), mit Holz- und metrischem Gewinde
- 4 Stockschrauben, M8 x 100 (ø 8 mm, 10 cm lang), mit Holz- und metrischem Gewinde
- 2 Alu-Rundrohre, ø 1 cm, 1 m lang
- 4 Regalkonsolen, z. B. FRÖVI von IKEA (für die Stellfüße)
- 4 flache Eckwinkel in Metall in Weiß, Schenkelbreite max. 4,5 cm
- Spaxschrauben in der benötigten Anzahl für die Eckwinkel, 2 cm lang
- 12 Spaxschrauben für die Stellfüße, 2,5 cm lang
- Holzleim
- Sprühkleber
- Gabelschlüssel, passend für die Stockschrauben (Gr. 6)
- Bohrmaschine
- Bohrer, ø 1 cm
- Stichsäge mit Metallsägeblatt
- Hammer
- Cutter mit Schneideunterlage
- 4 Filzgleiter für Möbelfüße

1 Die drehbaren Elemente haben farbige und weiße Seiten. Farbvorschläge für die Malpappen: Für drei Pappen ausreichend großes Naturpapier ausschneiden, mit Sprühkleber versehen und blasenfrei aufkleben. Überstehendes mit dem Cutter entfernen. Eine weitere Malpappe in Grün, eine in Magenta und eine in Hellblau (Primärcyan-Weiß-Mischung) bemalen. Bei zwei Leinwänden nur die Vorderseiten in Hellgrün und Rosa, bei dreien nur den Rand in Grün, Magenta und Hellblau und bei einer die Vorderseite und den Rand in Primärcyan gleichmäßig ausmalen. Den Farbauftrag eventuell wiederholen. Alles gut trocknen lassen.

2 Die Leinwände den Malpappen zuordnen. Holzleim hinten auf die Keilrahmen streichen und die Malpappen passgenau aufkleben. Die Elemente stapeln und mit einem flachen Gegenstand beschweren. Seitlich herausquellenden Leim unbedingt sofort mit einem feuchten Tuch abwischen.

3 Die Keilrahmen an je zwei gegenüberliegenden Schmalseiten mit einer Bohrung versehen: mit dem 1-cm-Bohrer genau in der Leistenmitte, 1,5 cm tief. Die 12 langen Stockschrauben mit dem Hammer anfangs 1 mm tief in die Löcher klopfen und mit dem Gabelschlüssel tief eindrehen.

4 Die vier langen Holzleisten mit Acrylfarbe weiß bemalen. Für einen glatten, deckenden Zweitanstrich die Farbe zuvor mit Schleifpapier anschleifen.

5 Die beiden kurzen Leisten auf den Schmalseiten mit zwei 1,5 cm tiefen Bohrungen versehen, 29 cm von den Enden entfernt. Dort die vier kurzen Stockschrauben einschrauben.

6 Um drei Rahmenleisten mit den Regalkonsolen (Stützfüßen) zusammenzufügen, die untere Leiste flach auf den Boden legen. Rechts und links je eine Regalkonsole anschrauben: an der Leistenunterkante, dann an der Breitseite. Die beiden langen Leisten rechtwinklig darauf ausrichten und die letzten Schrauben durch die Konsole ins Holz drehen. Zwei Filzgleiter aufkleben. Den jetzt u-förmigen Rahmen wenden. Die anderen zwei Stützfüße gegenüber anschrauben, jedoch wegen der Schrauben in der Höhe versetzt. Für die obere Rahmen-Verbindung an beiden Enden der kurzen Leiste je zwei Flachwinkel gegengleich anschrauben, um dort später die Seitenleisten einzustecken.

7 Vor dem Einsetzen der bemalten Keilrahmen-Elemente zunächst sechs 15,5 cm lange Stücke von den Alu-Rohren absägen, die letzten beiden folgen später.

8 Nun den u-förmigen Rahmen am besten mit einer Hilfsperson aufstellen. Zwei Alu-Röhren über die Gewinde der unteren Leiste stecken und mit dem Hammer etwa 1,5 cm tief einklopfen. Die Gewindestangen der unteren Keilrahmen in die Röhren stecken und wieder etwas festklopfen. Auf diese Weise alle acht Keilrahmen mit Hilfe der Alu-Röhren zusammenfügen. Für die fehlenden zwei Röhren oben zunächst die obere Rahmenleiste provisorisch auf die Seitenleisten setzen. Den Abstand zwischen Keilrahmen und Leiste messen, für die Röhren 1,5 cm bis 3 cm dazurechnen und entsprechend absägen. Nach dem Zusammenfügen die vier Winkel an die senkrechten Leisten schrauben.

9 Wenn die Winkel optisch stören, die Ecken in einer anderen schon verwendeten Farbe bewusst betonen. Oder die Ecken mit dem Naturpapier einschlagen. Dazu zwei Teile anhand der Vorlage ausschneiden, satt mit Sprühkleber einsprühen und die Ecken mit dem Papier einschlagen.

Blüten-Paravent

→ ideal für moderne Appartements

MOTIVHÖHE
ca. 1,50 m

MATERIAL
- 3 Keilrahmen, 50 cm x 1,50 m
- Acrylfarbe in Magenta, Bordeaux, Azo-Orange, Primärcyan und Titanweiß
- Plusterfarbstift in Weiß
- Glitzergel (Tube)
- 8 kleine Scharniere in Weiß (oder 2 Stücke Klavierband, 1,50 m lang)
- dazu passende Holzschrauben
- Spitzbohrer
- Schraubendreher
- evtl. 6 Filzgleiter für Möbelfüße (Filznägel), ø 1 cm

VORLAGEN-BOGEN B

1 Die drei Leinwände für den Raumteiler nebeneinander legen. Dann zuerst die Umrisse der inneren, spitz zulaufenden Blütenblätter frei Hand nah an den Leinwandrand zeichnen: Die je sieben Innenblätter der kleinen Blüte unten links sind ca. 9 cm lang, die der oberen Blüte 14 cm. Die acht Blätter der großen mittleren Blüte sind ca. 36 cm lang. Jetzt einfach von den Blattspitze aus die Linien im Bogen gestrichelt weiterzeichnen, bis sie sich treffen und große Außenblätter bilden. Ein kleines Blattstück unten rechts platzieren. (Oder die Vorlage für die linke Blüte nutzen. Für die mittlere vergrößert man sie auf 400 %, für die obere Blüte auf 150 %.)

2 Um die große Blüte zu gestalten, ein Rosa aus Magenta und Weiß mischen und genügend davon in einem Schraubglas aufheben. Damit ihre Umrisse sorgfältig und satt mit einem ca. 1 cm breiten Borstenpinsel malen: die inneren Blütenblätter sind durchgezogen, die äußeren sind unterbrochen. Die Umrisse der beiden kleinen Blüten mit einem dünneren Pinsel violett ausarbeiten, das ebenfalls in ausreichender Menge in einem Schraubglas aus Magenta, Bordeaux, Primärcyan und etwas Weiß gemischt wird.

3 Nach dem Trocknen alle Konturen mit einem Haarpinsel nachziehen und ausbessern. Durchschimmernde Bleistiftstriche gut überdecken. Nach dem Trocknen den Bleistift auf der unbemalten Leinwand mit einem weichen, hellen Radiergummi entfernen. Eventuell diese Stellen mit weißer Acrylfarbe vorsichtig retuschieren.

4 Nun die Innenblätter der zwei kleinen Blüten lebendig violett ausmalen, die der großen Blüte und ihr Zentrum mit Rosa, das durch etwas Violett abschattiert wird. Einige Partien weiß lassen. In die noch feuchten Blätter Lichteffekte mit Glitzergel aus der Tube setzen. Nach dem Trocknen mit dem weißen Plusterfarbstift weitere flotte Linien frei Hand einzeichnen, dabei auch die Blütenmitte betonen. Die fertigen Blüten gut trocknen lassen.

5 Schließlich den Hintergrund rund um die Blüten herum mit einem breiten Borstenpinsel in sehr zarten Pastelltönen einfärben, auch die Keilrahmenseiten. Für die linke Leinwand stark mit Wasser verdünntes Rosa (aus Magenta und Weiß) auftragen. Beim mittleren und rechten Hintergrund soll das verdünnte Rosa in zartes Orange übergehen, was sich mit der Nass-in-Nass-Technik gut bewerkstelligen lässt. Zu intensive Töne oder Ausrutscher in die Blüten hinein können, falls sie noch nicht trocken sind, meistens mit einem feuchten Schwamm und wenig Spülmittel abgewischt werden.

6 Die drei bemalten und trockenen Paravent-Teile nun in der richtigen Anordnung mit den vier weißen Scharnieren verbinden. Damit er später sicher im Zickzack stehen kann, an einer „Naht" die Scharniere andersherum anbringen. Stets zuerst die Schraubenlöcher mit Bleistift markieren, mit dem Spitzbohrer vorstechen und dann die Schrauben eindrehen. Bei der Verwendung von weißen Scharnieren sieht es besser aus, wenn die Schraubenköpfe danach weiß angemalt werden.

7 Falls die Leinwände nicht den Boden berühren sollen, unter jeden Keilrahmen zwei Filzgleiter nageln.

Künstler-Tipp

Weil die meisten Flächen sehr hell bleiben, kommt es auf eine sorgfältige Malweise an. Ausrutscher sofort mit dem Schwamm entfernen!

SCHLAFZIMMER

Bilder, die den Blick auf sich ziehen und beruhigen, ein dekorativer oder geheimnisvoller Sichtschutz oder ein malerisch umrahmtes Kerzenarrangement – solche bewusst gewählten Akzente sorgen im Schlafzimmer für eine stilvolle und einladende Atmosphäre.

Kerzenbord mit Spiegeln

→ wohltuende Abendstimmung

1 Für die Gestaltung des Hintergrundbildes mit gelber Acrylfarbe in der oberen Hälfte beginnen und diesen Farbton mit einem breiten Borstenpinsel in waagerechter Richtung über die ganze Länge der Leinwand malen. Die Keilrahmenseiten nicht vergessen. Nach und nach weitere farblich benachbarte und immer dunklere Töne auftragen und dabei die Farbübergänge ineinander verstreichen. So entstehen interessante Mischtöne. Die Farbstreifen dürfen ruhig leicht wellig ausfallen. Am oberen und unteren Bildrand blaue und violette Nuancen verwenden. Diese erste Bemalung trocknen lassen.

2 Den Vorgang in ähnlicher Weise, eventuell mehrere Male, wiederholen. Durch das Übereinanderlegen mehrerer leicht transparenter Farbschichten, auch in leicht variierenden Tönen, entsteht eine geheimnisvolle Tiefenwirkung. Die Farbe unbedingt zwischendurch trocknen lassen.

3 Ist die fertige Malerei getrocknet, mit Bleistift die Stellen für die fünf Spiegel markieren: Die linken drei sollen mit ihrer linken Kante genau 12 cm, 24 cm und 36 cm vom linken Leinwandrand entfernt sitzen, die anderen beiden Spiegel haben mit ihrer rechten Kante einen Abstand von 12 cm und 24 cm vom rechten Bildrand. Die fünf Spiegel mit Zweikomponenten-Kleber aufkleben, unten bündig mit der Bildunterkante.

4 Zum Anbringen des Regalbodens zunächst sechs Löcher unter der Keilrahmen-Unterkante markieren: die äußeren von beiden Enden 5 cm entfernt, zwischen den Löchern ist jeweils ein 1,8-cm-Abstand. Diese Löcher ca. 2,5 cm tief mit dem 4-mm-Bohrer vorbohren (siehe auch Seite 7).

5 Die Acrylglasscheibe am vorgebohrten Rahmen anlegen, um die Lochpositionen genau zu übertragen. Diese Löcher mit dem 6-mm-Bohrer vorbohren.

6 Die sechs Unterlegscheiben auf die Schrauben setzen und das Acrylglas-Bord unter das Bild schrauben. Zum Schluss fünf weiße oder farblich passende Kerzen genau vor die Spiegel stellen.

MOTIVHÖHE
ca. 30 cm

MATERIAL

- Keilrahmen, 100 cm x 30 cm, ca. 3 cm stark
- Acrylfarbe in Weiß, Gelb, Orange, Zinnoberrot, Permanentrosa, Permanentviolett und Ultramarinblau
- 5 Spiegel, 7,5 cm x 15 cm
- Zweikomponenten-Kleber
- Acrylglas, milchig, 1 m x 15 cm, 3 mm stark
- 6 Holzschrauben, ø 6 mm, ca. 3 cm lang
- 6 passende Unterlegscheiben, max. ø 2,5 cm
- Bohrmaschine
- Holzbohrer, ø 4 mm und 6 mm
- Schraubendreher

Anwendungs-Tipp

Solch ein transparentes Bord aus Acrylglas sollte nicht mit schweren Gegenständen belastet werden, damit es sich nicht durchbiegt.

Sichtschutz

→ mit chinesischen Schriftzeichen

MOTIVHÖHE
ca. 40 cm

MATERIAL
- 3 Keilrahmen, 30 cm x 40 cm
- 3 Stück grundierte Leinwand, 30 cm x 40 cm
- Acrylfarbe in Weiß, Mittelgelb, Orange, Zinnoberrot, Permanentviolett, Schwarz, Ultramarinblau und Veronesergrün
- wasserfester Filzstift in Schwarz
- Kreppklebeband
- doppelseitiges Klebeband
- 4 Schrankscharniere (nicht breiter als die Keilrahmenseiten)
- passende Schrauben für die Scharniere
- Nagelbohrer
- Schraubendreher

VORLAGENBOGEN A

1 Zuerst alle sechs Hintergründe grundieren, also die drei aufgespannten und die drei rahmenlosen Leinwände. Dazu die jeweilige Farbe (siehe unten) mit einem breiten Borstenpinsel mit kreuzförmigen Pinselstrichen auftragen, nach dem Trocknen ein zweites Mal. Dabei wie unten angegeben den Grundton mit Weiß aufhellen und etwas von der dunkleren Farbe einstreichen. Hier die Farbvorschläge und die Bedeutung der Schriftsymbole in Klammern:
Grün (Familie): Veronesergrün mit Weiß, dazu etwas Ultramarinblau.
Violett (Ruhm): Permanentviolett mit Weiß, dazu etwas Veronesergrün.
Blau (langes Leben): Ultramarinblau mit Weiß, dazu etwas Permanentviolett.
Rot (Liebe): Zinnoberrot mit Weiß, dazu etwas Permanentviolett.
Orange (Glück): Orange mit Weiß, dazu etwas Zinnoberrot.
Gelb (Gesundheit): Gelb mit Weiß, dazu etwas Orange.

2 Nach dem Trocknen der Leinwände die sechs chinesischen Zeichen mittig auf die jeweiligen Farbflächen übertragen. Die Umrisse mit einem weichen Haarpinsel sehr sorgfältig schwarz ausmalen. Trocknen lassen.

3 Die drei rahmenlosen bemalten Leinwände mit doppelseitigem Klebeband auf die drei Keilrahmenrückseiten kleben.

4 Für den grauen Rand der Sichtschutzelemente bei allen sechs Motiven 1 cm von den Bildkanten aus abmessen, mit Lineal und Bleistift anzeichnen und die Innenfläche direkt daneben exakt mit Kreppklebeband abkleben.

5 Aus Schwarz und Weiß einen mittleren Grauton mischen und damit die Ränder auf den Vorder- und Keilrahmenseiten bemalen. Das Band abziehen und die Farbe trocknen lassen. Die drei Elemente wenden und die restlichen Ränder entsprechend ausmalen. Rundherum mit Lineal und dem schwarzen Filzstift die Grenzen zwischen der farbigen Grundierung und dem grauen Rand mit einer Linie betonen.

6 Die Bilder in der gewünschten Reihenfolge hochkant nebeneinander anordnen und jeweils zwei Scharniere oben und unten dazwischen schrauben. (Am besten die Löcher mit dem Nagelbohrer vorbohren.) Soll die Trennwand später zickzackförmig aufgestellt werden, müssen die Scharniere in verschiedene Richtungen weisen.

Variations-Tipp

Die Schriftzeichen können Sie auch mit einem wasserfesten schwarzen Filzstift ausmalen. Wenn Sie die Farben der Elemente anders anordnen möchten, planen Sie das am besten vor dem Grundieren der Leinwände.

壽
福
康

runkvolles Ägypten

→ Schätze aus Cleopatras Reich

MOTIVHÖHE
Bilder ca. 60 cm
Truhe ca. 30 cm

MATERIAL FÜR BILDER UND TRUHE

- 2 Keilrahmen, 60 cm x 60 cm
- kleine Holztruhe mit dunklen Scharnieren, ca. 30 cm hoch
- Acrylfarbe in Titanweiß, Elfenbein, Apricot, Brillantkupfer, Brillantgold, Neapelgelb, Türkis und Schwarz
- Tapete (Bastelfachhandel), Motiv Pharaonen
- Tapetenbordüre mit symmetrischem Ornament und starker Reliefstruktur
- Goldpapier mit Effekt
- Leichtstrukturpaste
- Tapetenkleber
- Schablonierpinsel oder Borstenpinsel
- Spachtel
- flacher Schwamm

1 Für jedes Bild ein ca. 50 cm langes Stück der Tapetenbordüre in Konturnähe ausreißen und auf gleicher Höhe senkrecht auf die Leinwände legen: einmal im linken, einmal im rechten Drittel. Zwei Pharaonen-Motive aus der Tapete mit etwas Hintergrund ausreißen und neben den Bordüren anordnen. Dabei auf ein harmonisches Gleichgewicht achten. Schließlich die Teile mit dem Tapetenkleber gut befestigen und trocknen lassen.

2 Nun die Leichtstrukturpaste partieweise mit dem Spachtel auf die Leinwände aufstreichen, dabei vor allem die Ansätze der ausgerissenen Tapetenteile kaschieren. Die Paste trocknen lassen.

3 Mit Acrylfarbe in Elfenbein die ganze Leinwand und die Keilrahmenseiten grundieren, nur die Pharaonen-Motive größtenteils aussparen. In die noch feuchte Farbe ganz wenig Apricot, Titanweiß und Neapelgelb einwischen. Alles trocknen lassen.

4 Zur Betonung der Bordüre einen Hauch Brillantgold auf einen Schablonierpinsel geben und fast trocken mit leichtem Druck über die Tapetenbordüre brushen (siehe Seite 48 und 52) oder mit der Fingerkuppe vorsichtig über das Relief tupfen. Diesen Vorgang mit Brillantkupfer wiederholen, bis der gewünschte Effekt erreicht ist.

5 Nun für jedes Bild zwei Streifen aus dem Goldpapier schneiden und als zusätzlichen Blickfang versetzt unter den Hauptmotiven mit dem Tapetenkleber fixieren.

6 Für die Truhe ebenfalls ein schönes Pharaonen-Tapetenmotiv ausreißen (gibt es auch in Türkis) und mittig auf den Truhendeckel legen, umrahmt von ausgerissenen Bordüren-Ornamenten. Damit ebenfalls die Truhenseiten dekorieren. Wieder alles mit Kleber fixieren und mit Leichstrukturpaste bearbeiten (siehe Schritt 2).

7 Für die Grundierung eine Elfenbein-Apricot-Mischung wählen und in die feuchte Farbe eine Spur Neapelgelb wischen. Später die erhabenen Teile wieder mit Brillantgold und -kupfer brushen (Schritt 4 und Seite 52). Schließlich einen Hauch von einer Türkis-Schwarz-Mischung auf einen flachen Schwamm geben und vor allem den Truhenkörper, aber auch die Ränder des Deckels damit zart überarbeiten. Die letzten Arbeitsgänge wiederholen, bis das gewünschte Ergebnis erreicht ist.

Anwendungs-Tipp

Die Bilder sehen gerade als Paar (neben- oder untereinander gehängt) edel und zurückhaltend aus. Die nach Belieben gefüllte Truhe erhält einen noch üppigeren, prunkvolleren Charakter, wenn Sie ein farblich passend eingefärbtes Seidentuch herausschauen lassen.

Klappladen mit Landschaft

→ mediterraner Sichtschutz für innen

MOTIVHÖHE
z. B. 80 cm

MATERIAL, HIER FÜR EIN ABGESCHRÄGTES FENSTER

- z. B. 3 Keilrahmen, 40 cm x 40 cm, 40 cm x 60 cm und 40 cm x 80 cm
- Acrylfarbe in Primärgelb, Azo-Orange, Indigo, Phthalogrün, Magenta, Bordeaux, Schwarz, gebrannter Erde, lichtem Ocker, Kadmiumgelb und Titanweiß
- 4 bis 6 Messingscharniere (zusammengeklappt nicht breiter als die Keilrahmenstärke)
- passende Schrauben
- Spitzbohrer
- Schraubendreher
- Papier-Küchentücher

VORLAGE SEITE 80

1 Für solch einen aufstellbaren dreiteiligen Klappladen die Maße vor dem Keilrahmenkauf gut planen. Die Elemente sollten möglichst gleich breit sein. Ob sie gleich hoch sind, oben eine Treppe bilden oder wie hier abgeschrägt sind, ist vom individuellen Fenster und Geschmack abhängig. Das Abschrägen rechteckiger Keilrahmen am besten vom Fachhändler erledigen lassen. (Ansonsten die Leinwand oben vom Rahmen lösen, die Seitenleisten kürzer sägen, die obere im neuen Winkel einsetzen, die Leinwand kürzen und hinten wieder festtackern.)

2 Die Vorlage auf das gewünschte Maß vergrößern und als fortlaufende Landschaft auf die Leinwände übertragen. Dazu ruhig Hügel oder Bäume zusätzlich einzeichnen. Bei schrägem Sichtschutz sollten weit entfernte Landschaftsteile am niedrigen Ende liegen.

3 Die Formen großzügig, also mit breitem Borstenpinsel und nicht zu filigran anlegen. Hierfür am besten die dunklen sowie leuchtkräftigen Farben aus der nebenstehenden Liste nehmen. Zum Beispiel die Bäume locker dunkelgrün grundieren, dann die geschwungenen Linien mit kräftigem, cremigem Farbauftrag in Azo-Orange betonen – es kommt dadurch später unter der Lasur schön zum Vorschein.

4 Nach ausreichendem Trocknen der Motive die drei Leinwände komplett mit einer verdünnten Kadmiumgelb-Weiß-Mischung sowie lichtem Ocker lasierend übermalen, auch die Keilrahmenseiten. Dabei für die entfernte Landschaft hellere Nuancen wählen als für die Nähe. Noch bevor diese leicht transparente Übermalung trocknet, die zuvor gemalten Formen, vor allem die Umrisse, mit einem trockenen Papiertuch oder Borstenpinsel abwischen, damit hier die Untergrundfarbe zum Vorschein kommt. Ist die Farbe schon zu trocken, dort mit einem feuchten Papiertuch etwas stärker rubbeln. Diese lasierende Malweise gibt dem Bild mehr Tiefe und Leben.

5 Ist die Malerei getrocknet, die drei Elemente mit je zwei bis drei Scharnieren verbinden. Diese am besten in zwei Richtungen anbringen, damit der Sichtschutz stabil im Zickzack stehen kann. Idealerweise liegen beim Einklappen die kleinen Elemente mit den Bildseiten zusammen und verschwinden dann gemeinsam hinter dem größeren. Die Schrauben lassen sich leichter eindrehen, wenn die Löcher mit einem kleinen Spitzbohrer vorgestochen werden. Siehe dazu auch die Grundanleitung auf Seite 7.

Anwendungs-Tipp

Ein Klapp-Sichtschutz ist flexibel und ideal für ein gardinenloses Fenster, er muss es auch nicht komplett verdecken. Eine unaufgeräumte Zimmerecke lässt sich aber auch damit kaschieren. Die Keilrahmenrückseiten können Sie bei Bedarf zusätzlich mit bemalter Leinwand, mit Stoff oder Papier bespannen.

Spiralen-Raumteiler

→ schnell aufgehängt mit Magneten

MOTIVHÖHE
nebeneinander ca. 1 m
oder 1,20 m
untereinander ca. 2 m
oder 2,40 m

MATERIAL
- 2 Keilrahmen, 1 m x 1,,20 m
- Acrylfarbe in Weiß und Pariserblau
- 2 Verbindungsbleche
- mind. 2 Schrankmagnete
- passende Holzschrauben
- Schraubendreher
- Spitzbohrer

1 Auf eine der beiden Leinwände mit Bleistift eine lebendig geformte Spirale als Freihandzeichnung skizzieren. Anschließend überlegen, von welcher Seite das imaginäre Licht kommen soll. Dann die dunklen Flächen, die in der Tiefe und im Schatten liegen sollen, mit Blau malen. Die Keilrahmenseiten nicht vergessen.

2 Die Spirale immer weiter plastisch ausgestalten. Dazu Mischungen aus Weiß und Blau in wechselnden Anteilen für die einzelnen Farbstreifen feucht ineinander vermalen. Die beleuchteten Stellen dabei sehr hell ausarbeiten.

3 Wenn das erste Bild fertig ist, die zweite Leinwand daneben oder darüber legen, je nach gewünschtem Raumteiler-Format. Dann erst die nächste Spirale mit Bleistift aufzeichnen, wobei sie in die andere Richtung läuft und sich organisch mit einem weichen Übergang aus der ersten entwickelt (Linien fließend weiterzeichnen).

4 Auch beim Malen der zweiten Spirale darauf achten, dass an den Übergangsstellen eine gleiche Farbigkeit und Helligkeit herrscht, was beide Spiralen optisch miteinander verbindet. Eventuell auch noch einmal das erste Motiv leicht überarbeiten.

5 Ist die Malerei trocken, die beiden Keilrahmen auf der Rückseite mit zwei Verbindungsblechen verbinden. Dazu die passenden Schrauben durch die Löcher ins Holz drehen. Den Raumteiler schließlich mit Schrankmagneten an der Wand, einem breiten Türdurchgang oder der Zimmerdecke befestigen.

Variations-Tipp

Natürlich kann man die Motive auch als Bilder aufhängen, einzeln oder paarweise. Die Farbe passen Sie einfach an Ihre Einrichtung an.

Anwendungs-Tipp

Damit der Raumteiler auch hinten ansehnlich ist, kann er mit farblich passendem Stoff bespannt werden. Für eine bemalte Rückseite kaufen Sie am besten grundierte Leinwand als Meterware, schneiden sie passend und bemalen sie nach Ihren Wünschen. Das Bild mit doppelseitigem Klebeband an der Keilrahmenrückseite fixieren und zusätzlich mit einigen kleinen Nägeln sichern.

KINDERZIMMER

Das Schöne mit dem Praktischen verbinden – das gilt auch fürs Kinderzimmer. So lädt eine fröhlich dekorierte Tafel zum Schreiben und Zeichnen ein, „fliegende“ Magnetobjekte machen eine Garderobe lebendig und ein Bär verändert ab und zu sein Aussehen.

Tafel

→ fröhlich umrahmt

1 Für die bunte Umrandung zunächst mit Lineal und Bleistift einen 10 cm breiten Rand von der oberen und einen 5 cm breiten von der unteren Keilrahmenkante aus abteilen, dazwischen rechts und links einen 5 cm breiten Seitenrand. Im oberen Rand rechts und links 15 cm breite Felder für die Tiere markieren. Den unteren Rand in acht 5 cm große Quadrate unterteilen. Nun die Innenfläche bis an die Ränder heran mit je einem Streifen Kreppklebeband abkleben, damit sich beim Ausmalen exakte Farbgrenzen ergeben.

2 Das Feld oben links mit einer Mischung aus Echtgelb und wenig Orange grundieren, das mittlere mit Hellblau und das rechte mit Orange. Dabei die Keilrahmenseiten nicht vergessen. Für die Grundierung beider Seitenränder Gelbgrün mit Weiß aufhellen. Die unteren Quadrate in bunter Folge (ohne Grün) ausmalen.

3 In die oberen Felder die Motive übertragen. Den Ballon außerdem sechsmal in den rechten, die Blume (auch mit frei erfundenen Blüten) in den linken Rand zeichnen. Alle Motive weiß grundieren. Nach dem Trocknen ihre Konturen mit Bleistift nachziehen.

4 Das Nilpferd orange mit etwas Rot ausmalen. Die Sonne mit Gelb und Gelb-Orange kolorieren, Nase und Zunge in Rot. Den Löwenkörper in Pink, die Mähne in Gelb gestalten. Alle anderen Motive beliebig ausmalen. Für die Augen der Figuren, für die Nilpferdzähne und Lichtreflexe auf den Ballons zum Schluss Weiß aufsetzen. Alles gut trocknen lassen und mit Firnis besprühen. Das Klebeband entfernen.

5 Vor dem Lackieren der Tafelfläche nun umgekehrt den fertigen Dekorrand mit vier Streifen Kreppklebeband sorgfältig abkleben. Dann den Tafellack mit dem Schwammroller satt und gleichmäßig auftragen. Während der Lack einige Stunden trocknet (Herstellerangaben beachten), den Roller solange in einer Tüte luftdicht aufbewahren, so braucht man ihn nicht sofort mit dem Verdünner zu reinigen. (Denn der Lack ist nicht wasserlöslich oder wie Acrylfarbe mit Wasser verdünnbar.) Nach der Trockenzeit eine zweite Lackschicht aufrollen. Vorsichtig das Kreppband abziehen und die Tafelfarbe lange genug trocknen lassen. Erst zum Schluss die Konturen der Motive und Ränder mit dem schwarzen Filzstift nachziehen, damit er nicht vorher durch die Fixierung verläuft.

6 Für die Schraubhaken zwei Löcher mit dem Spitzbohrer unten in den Keilrahmen stechen, dann die Haken eindrehen. Hier könnte ein Behälter für Schwamm und Kreide angebracht werden.

MOTIVHÖHE
ohne Korb ca. 50 cm

MATERIAL
- Keilrahmen, 40 cm x 50 cm
- Acrylfarbe in Echtgelb, Orange, Hellblau, Gelbgrün, Echtrot, Pink und Weiß
- Schultafellack in Schwarz
- Verdünnung (zum Reinigen des Schwammrollers etc.)
- wasserfester Filzstift in Schwarz
- Firnis
- Kreppklebeband
- Schwammroller
- 2 Schraubhaken
- Spitzbohrer

VORLAGE SEITE 76 + 77

Einkaufs-Tipp

Anstelle von Tafellack und Verdünner können Sie auch selbstklebende Tafelfolie im Handel besorgen.

Wiesen-Garderobe

→ nicht nur für Naturfreunde

MOTIVHÖHE
ca. 40 cm

MATERIAL
- Keilrahmen, 50 cm x 20 cm
- Pappelsperrholz, 65 cm x 18 cm, 8 mm stark
- Pappelsperrholz, 30 cm x 20 cm, 3 mm stark
- Stahlblech, 50 cm x 20 cm, 0,5 mm stark (magnethaftend)
- Acrylfarbe in Primärgelb, Azo-Orange, Phthalogrün, Zinnobergrün, Primärcyan und Titanweiß
- Plusterfarbe in Weiß, Schwarz, Gelb, Rot und Grün
- Glitzer-Farbe in Silber (Tube)
- Klarlack, glänzend
- Holzblume, ca. 10 cm hoch (Bastelgeschäft)
- 4 Möbeltür-Knöpfe (Blütenform) in Transparentgelb
- 6 Magnetplättchen oder Haftmagnete, mind. ø 1 cm
- 4 Spaxschrauben, max. 1,5 cm lang
- Bohrmaschine
- Holzbohrer, etwas dünner als die Türknopf-Gewinde
- UHU Alleskleber Kraft
- Laubsäge oder Dekupiersäge
- Blechschere oder alte Schere

VORLAGENBOGEN A

1 Für die untere Wiesenhälfte die Vorlage teilweise auf das dicke Pappelsperrholz übertragen. Dazu die untere und die seitlichen Linien sowie nur die beiden äußeren Grasbüschel nachzeichnen und diese unten mit einer geraden Linie verbinden. Die Form aussägen und mit vier Schrauben von hinten an der unteren Keilrahmenleiste befestigen.

2 Die obere Wiesenkontur von der Vorlage auf die Leinwand übertragen. Mit dem dunklen Grün die Wiese auf die Leinwand und das Holz malen, auch an den Keilrahmen- und Sperrholzseiten. Dabei die Pinselstriche in Wuchsrichtung führen. Einige der noch feuchten Grasbüschel mit kräftigen Strichen in Orange, Gelb und Zinnobergrün nachziehen. Die Töne vermischen sich, es sollen aber einzelne Striche sichtbar bleiben. Gut trocknen lassen. Sollen die Konturen sanfter werden, die Wiese nochmals in Wuchsrichtung mit verdünntem Zinnobergrün und Orange lasierend übermalen.

3 Den Himmel mit einem wässerigen Hellblau malen, gemischt aus Weiß und etwas Primärcyan. Schwach sichtbare Pinselstriche rund ums Gras stören nicht, sondern wirken so, als ob der Wind es bewegt. Um den Himmel zu beleben, wenige weiße Linien waagerecht hineinmalen und sie sofort mit einem breiten, wasserfeuchten Borstenpinsel waagerecht über den ganzen Himmel weich verstreichen.

4 Die Vorlagen für Sonne, Flugzeug, Libelle, Biene und Raupe auf das dünne Holz übertragen. Nach dem Aussägen diese Figuren und die Holzblume mit Acrylfarben grundieren, dazu am Foto orientieren. Ein zweiter Farbauftrag intensiviert die Töne. Licht und Schatten mit Plusterfarben herausarbeiten, weitere Lichtakzente mit Glitzerfarbe setzen. Zum Schluss die sechs Holzobjekte mit Klarlack schützen und hinten je einen Magneten aufkleben.

5 Damit die Magnete später am Bild haften, das Stahlblech mit Kraftkleber hinten auf die Leinwand kleben. Eventuell vorher kleiner schneiden, falls es nicht unter den Rahmen geschoben werden kann. Während der Klebstoff trocknet, vorn gut verteilt die Magnete aufsetzen, damit das Blech dicht am Stoff klebt.

6 Zum Anbringen der Garderobenhaken vier Löcher unten ins Holz bohren (kleiner als der Gewindedurchmesser) und die Möbeltüren-Knöpfe anschrauben. Siehe auch die Grundanleitung auf Seite 7.

Einkaufs-Tipp

Wer die Figuren nicht selbst aussägen und bemalen möchte, kann zum Beispiel Moosgummistempel mit „fliegenden" Motiven kaufen. Mit einem kleinen Vorrat an Fertigformen, Vorlagen und Magneten lässt sich die Garderobe immer wieder verändern.

Alle mal herhören!
Ich habe etwas mitzuteilen ...
MATHE

MOTIVHÖHE
ca. 40 cm

MATERIAL
- Keilrahmen, 40 x 40 cm
- Acrylfarbe in Azo-Orange, Lampenschwarz, gebrannter Erde, Titanweiß, Magenta und Silber
- Mal-Gel für Acrylfarbe oder Windowcolor, transparent
- Plusterfarbe in Schwarz und Weiß
- Glitzer-Farbe in Silber (Tube)
- Lackstift in Schwarz und Gelb
- Stahlblech, 38 cm x 38 cm, 0,5 mm stark
- stabile Pappe oder Hartschaumplatte, DIN A3
- Schraubdeckel oder Kreis aus fester Pappe, ø ca. 6 cm
- alter Pulli oder Strickstoff, ca. 1 m x 60 cm
- dünner Filz in Rot, 15 cm x 25 cm
- Filzreste in Hellgrün und Hellbraun
- verschiedene Knöpfe, je 2 Stück pro Sorte: z. B. mit Motiven für Kinder, Jeansknöpfe etc.
- 2 große Haftmagnete (von Magnet-, Notiztafel)
- ca. 12 bis 14 kleine Magnete (Bastelgeschäft), je nach Knopfanzahl
- UHU Alleskleber Kraft
- evtl. Kneifzange
- 3 Wäscheklammern

VORLAGENBOGEN B

Bruno, der Bär

→ mit wechselndem Outfit

1 Die Leinwand und die Keilrahmenseiten mit verdünntem Orange grundieren. Nach dem Trocknen darauf die Bärenvorlage übertragen. Alle Linien mit einem feinen Haarpinsel mit Schwarz skizzenhaft nachziehen und gut trocknen lassen.

2 Zum Ausmalen des Bären zuerst die Schattenpartien leicht mit Braun, danach mit Rot und Orange abdunkeln. Nach dem Zwischentrocknen (ist nach jeder Farbschicht nötig) stark verdünntes Braun mit breitem Pinsel über den gesamten Bären und seine Kleidung streichen. Beim Gesicht auf einen sanften Farbverlauf achten. Das Hemd einfach mit den Restfarben aus dem Pinsel bestreichen, damit es nicht zu gleichmäßig wird. Manche Stellen mit einem Papiertuch wieder vorsichtig heller wischen (z. B. an der Brille).

3 Die rechte Gesichtshälfte, das Kappenmuster und das Hemd mit Braun intensivieren. Kragen, Knopfleiste und Brusttasche mit Orange betonen.

4 Für besondere Effekte die Brillengläser mit wenig Schwarz und fast trockenem Pinsel schattieren. Die Gläser, die Nase und die Kappe stellenweise mit Glitzer-Farbe akzentuieren. Zusätzlich die ganze Brille dick mit dem Mal-Gel übermalen. Kappe und Brille mit schwarzer und weißer Plusterfarbe hervorheben.

5 Den Schraubdeckel oder Pappkreis als Orden mit Acrylfarbe deckend silbern bemalen. Darauf die Vorlage übertragen und die Bleistiftlinien mit dem schwarzem Lackstift nachziehen. Den Vogel gelb ausmalen, einige Akzente mit Glitzer-Farbe setzen. Das grüne Ordensband anhand der Vorlage aus Filz ausschneiden und mit zwei weißen Linien aus Plusterfarbe verzieren. Den Orden mit Kraftkleber auf das Band sowie auf die Unterseite den großen Haftmagneten kleben.

6 Auf die kleinen Magnete die Knöpfe kleben, störende Ösen vorher mit der Zange abkneifen. Die zwei Schulterklappen aus braunem Filz basteln: mit länglichen Knöpfen, Pailletten oder aufgemalten Silberstrichen als Rangabzeichen. Zur Verstärkung Pappe unterkleben sowie je einen kleinen Magneten.

7 Für die abnehmbare Mütze und den Schal die beiden Vorlagen für die Verstärkung auf den Karton übertragen und ausschneiden. Die Mütze nach dieser Schablone, aber rundherum 1 cm größer zuschneiden. Den Stoff auf die Kartonverstärkung kleben, die Kanten nach hinten umschlagen und ebenfalls festkleben. Die Teile für die roten Filzfransen dreimal ausschneiden, längs zusammenrollen und an die drei Mützenenden kleben. Eine Wäscheklammer hilft beim Zusammenhalten. Oben das Bündel aus den roten und den Mützenfransen mit einem langen Filzstreifen zusammenbinden. Zwei kleine Magnete unter die Mütze kleben.

8 Den Schal wie ein umgekehrtes U zuschneiden und die Mitte auf die kleine Kartonverstärkung kleben (wieder 1 cm nach hinten umschlagen). Er liegt dort doppelt und bewusst wellig. Die Enden locker miteinander verknoten. Ein aufgeklebter großer Haftmagnet auf der Unterseite sorgt dafür, dass auch der Schal abgenommen werden kann.

9 Das Stahlblech von hinten dicht an die Leinwand kleben, damit die Magnete als Zettelhalter und zum Umdekorieren genutzt werden können.

15.00 UHR
SCHWIMMEN

Tafel
SEITE 70

Flexibler Dauerkalender
SEITE 15

Bullauge
SEITE 27

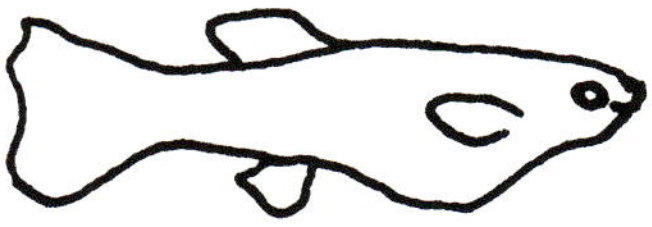

Maritimes Mobile
SEITE 43

Tafel
SEITE 70

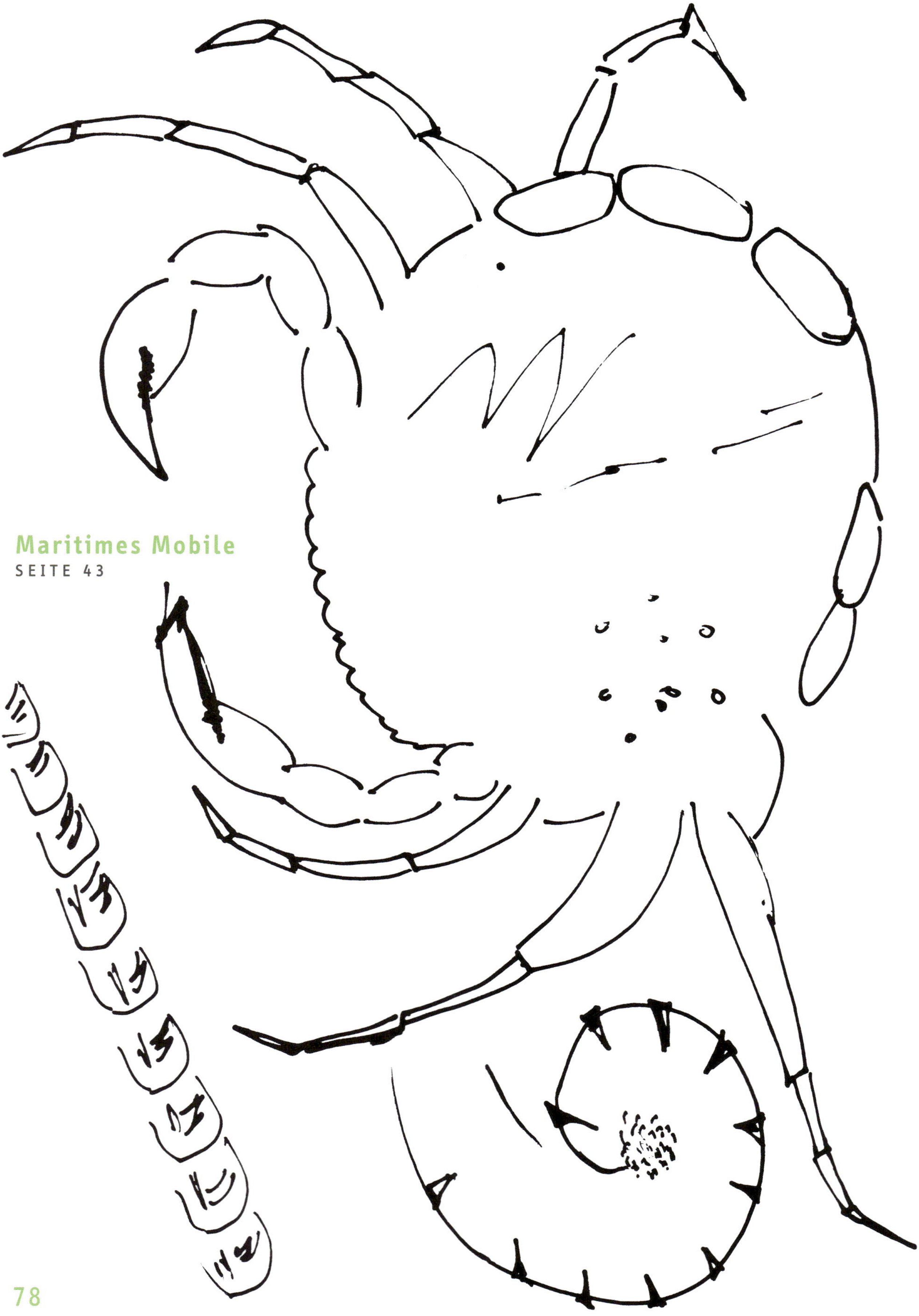

Maritimes Mobile

SEITE 43

Dreieckige Windlichter

SEITE 41

untere Blüte

obere Blüte

Blumige Aussichten

SEITE 51

Lampenobjekt

SEITE 55

Klappladen mit Landschaft

SEITE 67

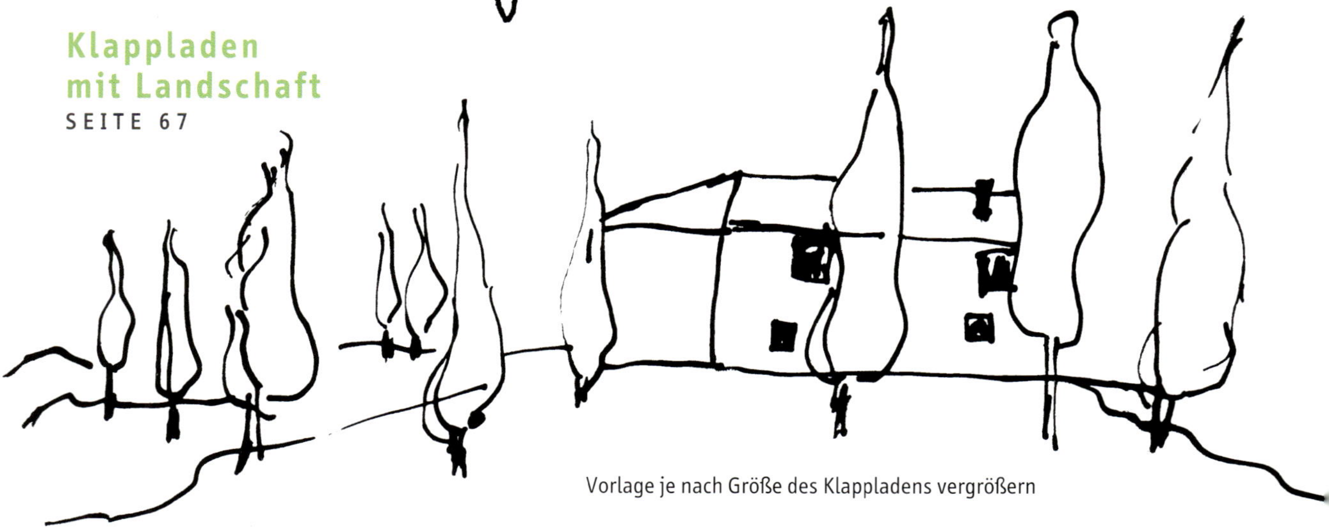

Vorlage je nach Größe des Klappladens vergrößern

DIESES BUCH ENTHÄLT 1 VORLAGENBOGEN

IMPRESSUM

MODELLE: Gundula Günnemann (S. 48/49, 52/53, 64/65), Claudia Guther (S. 10/11, 18/19, 36/37, 42/43, 50/51, 56/57, 58/59, 66/67, 72/73, 74/75), Barbara Huber (S. 14/15, 38/39, 40/41), Brigitte Pohle (S. 16/17, 20/21, 24/25, 28/29, 44/45, 46/47, 60/61, 62/63, 68/69), Annett Rosenstock (S. 22/23, 30/31), Silke Windjäger (S. 8/9, 12/13, 26/27, 34/35, 54/55, 70/71)

FOTOS: frechverlag GmbH, 70499 Stuttgart; Fotostudio Ullrich & Co., Renningen

DRUCK UND BINDUNG: Finidr s.r.o., Cesky Tesin, Tschechische Republik

Auflage:	5.	4.	3.	2.	1.	
Jahr:	2009	2008	2007	2006	2005	[Letzte Zahlen maßgebend]

ISBN 3-7724-5240-X
Best.-Nr. 5240